Antonio Carlos da Fontoura

Espelho da Alma

Antonio Carlos da Fontoura

Espelho da Alma

Rodrigo Murat

imprensaoficial

São Paulo, 2008

GOVERNO DO ESTADO DE
SÃO PAULO
TRABALHANDO POR VOCÊ

Governador José Serra

imprensaoficial **Imprensa Oficial do Estado de São Paulo**

Diretor-presidente Hubert Alquéres

Coleção Aplauso

Coordenador Geral Rubens Ewald Filho

Apresentação

Segundo o catalão Gaudí, *não se deve erguer monumentos aos artistas porque eles já o fizeram com suas obras.* De fato, muitos artistas são imortalizados e reverenciados diariamente por meio de suas obras eternas.

Mas como reconhecer o trabalho de artistas geniais de outrora, que para exercer seu ofício muniram-se simplesmente de suas próprias emoções, de seu próprio corpo? Como manter vivo o nome daqueles que se dedicaram à mais volátil das artes, escrevendo, dirigindo e interpretando obras-primas, que têm a efêmera duração de um ato?

Mesmo artistas da TV pós-videoteipe seguem esquecidos, quando os registros de seu trabalho ou se perderam ou são muitas vezes inacessíveis ao grande público.

A *Coleção Aplauso*, de iniciativa da Imprensa Oficial, pretende resgatar um pouco da memória de figuras do Teatro, TV e Cinema que tiveram participação na história recente do País, tanto dentro quanto fora de cena.

Ao contar suas histórias pessoais, esses artistas dão-nos a conhecer o meio em que vivia toda uma classe que representa a consciência crítica da sociedade. Suas histórias tratam do contexto social no qual estavam inseridos e seu inevitável reflexo na arte. Falam do seu engajamento político em épocas adversas à livre expressão e as conseqüências disso em suas próprias vidas e no destino da nação.

Paralelamente, as histórias de seus familiares se entrelaçam, quase que invariavelmente, à saga dos milhares de imigrantes do começo do século passado no Brasil, vindos das mais variadas origens. Enfim, o mosaico formado pelos depoimentos compõe um quadro que reflete a identidade e a imagem nacional, bem como o processo político e cultural pelo qual passou o país nas últimas décadas.

Ao perpetuar a voz daqueles que já foram a própria voz da sociedade, a *Coleção Aplauso* cumpre um dever de gratidão a esses grandes símbolos da cultura nacional. Publicar suas histórias e personagens, trazendo-os de volta à cena, também cumpre função social, pois garante a preservação de parte de uma memória artística genuinamente brasileira, e constitui mais que justa homenagem àqueles que merecem ser aplaudidos de pé.

José Serra
Governador do Estado de São Paulo

Coleção Aplauso

O que lembro, tenho.
Guimarães Rosa

A *Coleção Aplauso*, concebida pela Imprensa Oficial, visa a resgatar a memória da cultura nacional, biografando atores, atrizes e diretores que compõem a cena brasileira nas áreas de cinema, teatro e televisão. Foram selecionados escritores com largo currículo em jornalismo cultural para esse trabalho em que a história cênica e audiovisual brasileira vem sendo reconstituída de maneira singular. Em entrevistas e encontros sucessivos estreita-se o contato entre biógrafos e biografados. Arquivos de documentos e imagens são pesquisados, e o universo que se reconstitui a partir do cotidiano e do fazer dessas personalidades permite reconstruir sua trajetória.

A decisão sobre o depoimento de cada um na primeira pessoa mantém o aspecto de tradição oral dos relatos, tornando o texto coloquial, como se o biografado falasse diretamente ao leitor.

Um aspecto importante da *Coleção* é que os resultados obtidos ultrapassam simples registros biográficos, revelando ao leitor facetas que também caracterizam o artista e seu ofício. Biógrafo e biografado se colocaram em reflexões que se estenderam sobre a formação intelectual e ideológica do artista, contextualizada na história brasileira, no tempo e espaço da narrativa de cada biografado.

São inúmeros os artistas a apontar o importante papel que tiveram os livros e a leitura em sua vida, deixando transparecer a firmeza do pensamento crítico ou denunciando preconceitos seculares que atrasaram e continuam atrasando nosso país. Muitos mostraram a importância para a sua formação terem atuado tanto no teatro quanto no cinema e na televisão, adquirindo, linguagens diferenciadas – analisando-as com suas particularidades.

Muitos títulos extrapolam os simples relatos biográficos, explorando – quando o artista permite – seu universo íntimo e psicológico, revelando sua autodeterminação e quase nunca a casualidade por ter se tornado artista – como se carregasse desde sempre, seus princípios, sua vocação, a complexidade dos personagens que abrigou ao longo de sua carreira.

São livros que, além de atrair o grande público, interessarão igualmente a nossos estudantes, pois na *Coleção Aplauso* foi discutido o processo de criação que concerne ao teatro, ao cinema e à televisão. Desenvolveram-se temas como a construção dos personagens interpretados, a análise, a história, a importância e a atualidade de alguns dos personagens vividos pelos biografados. Foram examinados o relacionamento dos artistas com seus pares e diretores, os processos e as possibilidades de correção de erros no exercício do teatro e do cinema, a diferença entre esses veículos e a expressão de suas linguagens.

Gostaria de ressaltar o projeto gráfico da *Coleção* e a opção por seu formato de bolso, a facilidade para ler esses livros em qualquer parte, a clareza de suas fontes, a iconografia farta e o registro cronológico de cada biografado.

Se algum fator específico conduziu ao sucesso da *Coleção Aplauso* – e merece ser destacado –, é o interesse do leitor brasileiro em conhecer o percurso cultural de seu país.

À Imprensa Oficial e sua equipe coube reunir um bom time de jornalistas, organizar com eficácia a pesquisa documental e iconográfica e contar com a disposição e o empenho dos artistas, diretores, dramaturgos e roteiristas. Com a *Coleção* em curso, configurada e com identidade consolidada, constatamos que os sortilégios que envolvem palco, cenas, coxias, *sets* de filmagem, textos, imagens e palavras conjugados, e todos esses seres especiais – que nesse universo transitam, transmutam e vivem – também nos tomaram e sensibilizaram.

É esse material cultural e de reflexão que pode ser agora compartilhado com os leitores de todo o Brasil.

Hubert Alquéres
Diretor-presidente da
Imprensa Oficial do Estado de São Paulo

Primeiro Dia

Chego para entrevistar nosso biografado no casarão bucólico do Rio Comprido onde funciona sua produtora de cinema. Há cartazes e matérias de jornal emoldurados nas paredes. No *hall* de entrada, o pôster que Rubens Gerchman criou para o filme *Copacabana me Engana*, reportando a um Rio de Janeiro de marolas e sensações juvenis. Entre um silêncio e outro, sirenes, ambulâncias, latidos do cãozinho Ralph. Sou recebido por sua esposa, Letícia, que informa que Fontoura está a caminho. Pontualmente, às dez e meia, ele chega e me conduz à sua sala. Seguem-se, então, cafezinhos, águas, intróitos.

A questão que paira: devo chamá-lo *Fontoura* ou *da Fontoura*? O assunto não vem à tona de cara, mas, após o encontro, numa carona em sua caminhonete até Ipanema, os fatos começam a clarear. E são mais sinuosos do que eu supunha. Pois houve tempo em que por nenhuma dessas formas o cineasta e escritor era conhecido, e as pessoas o chamavam simplesmente de... Antonio Carlos. Mas, afinal, quem é este Antonio Carlos sem acento no *o*? Muitas podem ser as respostas. Vamos tentar a mais óbvia:

Antonio Carlos da Fontoura nasceu em 20 de novembro de 1939 em São Paulo. Desde os 10 anos vive no Rio de Janeiro, cidade que adotou e radiografou em seus filmes. Casado, ele tem três filhos, Daniel, Marina e Leonardo e dois netos, Sofia e Gabriel, mas só isso não dá conta de abarcar uma trajetória tão rica.

Segundo Dia

Duas semanas depois, pontualmente, às dez e meia. Desta vez chegamos juntos: eu, de táxi, Fontoura ao banco do co-piloto com Letícia ao volante da caminhonete. Eles são assim mesmo: se co-pilotam nas várias atividades do dia-a-dia. Fontoura reclama de uma entrevista sua e dos exageros da repórter, dos floreios, dos destaques dados ao que foi dito entrelinhas. Leio a matéria e em seguida ligo o gravador para voltarmos à sua história do ponto em que paramos. Ele prefere ser linear, afinal os fatos estão intrincados e para que se entenda um elo, é preciso que toda uma corrente seja percorrida.

Além de linear, Fontoura gosta de ser claro. Deixa o interlocutor em posição confortável e há um trecho da tal reportagem protestada que me parece um 3x4 fiel de sua pessoa: *Não sou cínico, nem quero ser. Sou generoso. Acredito nas infinitas possibilidades do ser humano.* Num quadro de avisos, próximo à foto de David Zingg que agrupa Chico Buarque, Odete Lara e os rapazes do MPB-4 – todos em seus verdes anos – a meninos de rua da Lapa, lê-se: *ALGO VAI DAR CERTO. "Os optimistas" estão por perto...*

E é Fontoura abrir o verbo para a cascata de nomes famosos jorrar: Vinícius de Moraes, Glauber Rocha, Ferreira Gullar, Hélio Oiticica, Antonio Dias, Hugo Carvana, Armando Costa, Vianinha, Nara Leão, Odete Lara, Leon Hirszman. Todos, de uma maneira ou de outra, da sua confraria de *optimistas*. Tenho a sensação de ter acertado no alvo ao escolhê-lo para a *Coleção Aplauso*. Optimisticamente aperto a tecla *PLAY*.

Terceiro Dia

Ao chegar para mais um dia de conversa, sou apresentado no portão a Emiliano Ribeiro, velho camarada e assistente. *Este é meu biógrafo!*, diz Fontoura. Emiliano brinca e diz que quando o livro estiver pronto vai adaptá-lo para o cinema.

É sexta-feira, dia propício a temas místicos. Fontoura se abre em questões mais pessoais, conta causos, experiências transcendentais, avança e retrocede no tempo à cata das peças que melhor componham seu quebra-cabeça existencial. Fala, por exemplo, do dia em que, após caminhar longamente por uma estrada que não sabia onde ia dar, sentou-se para descansar e, do rádio de uma birosca, começou a ouvir Erasmo Carlos cantando: *Estou sentado à beira de uma estrada/ que não tem mais fim*. É mesmo longa a estrada de Fontoura.

Quarto Dia

Fontoura aperta o *fast foward* e avançamos em projetos futuros, alguns dos quais encontram raízes no passado, como *A Cangaceira Eletrônica* e *Hospital Brasil*, roteiros que tem guardado há anos na gaveta e que, um dia, quem sabe, vai levar às telas.

Certo mesmo está o filme que ele vai rodar em 2009 sobre a juventude de Renato Russo em Brasília, pré-Legião Urbana, quando o bardo de barba era professor de inglês e criou a banda *Aborto Elétrico*, com Fê e Flávio Lemos, dois músicos que hoje integram o *Capital Inicial*.

Neste período Renato escreveu músicas que se tornaram verdadeiros hinos de sua geração, como *Que País é Esse?*, *Geração Coca-Cola*, *Faroeste Caboclo* e *Eduardo e Mônica*. Brasília explodia na cena *punk-rock* com várias bandas de garagem que tomariam de assalto a música *pop*. É Fontoura mais uma vez voltando ao cinema com fôlego renovado. Como ele mesmo diz: *Tenho a sensação de já ter reencarnado várias vezes nesta mesma vida.*

Quinto Dia

Muitos dias se passam entre o quarto e o quinto encontro. Na verdade, anos. Três, para ser exato. Tempo em que a biografia ficou em ponto morto esperando o momento de reengatar. Volto à agradável casa/produtora do Rio Comprido. Lá estão Fontoura, Letícia, Ralph, o pôster do *Copacabana me Engana* e a *Lindonéia* do Gerchman, que acaba de falecer. Nada parece ter mudado embora muito tenha acontecido.

Fontoura agora é novelista e está às voltas com *Amor e Intrigas*, novela de Gisele Joras exibida pela Record, da qual é autor-colaborador. Com um pé na TV e um tripé no cinema, projeta a pré-produção do filme do Renato, *Somos Tão Jovens*. O telefone toca. É o produtor executivo do filme. O telefone toca de novo. É um ator empenhado em convencer Fontoura que o papel só pode ser dele. É o futuro *set* aos poucos invadindo o *habitat* natural de Fontoura.

Com duas viagens internacionais agendadas – uma para os Estados Unidos de férias, outra para Estocolmo, onde seu premiado *No Meio da Rua* será exibido em mais um festival de cinema – Fontoura não pára. É o mesmo de três anos atrás, embora sendo outro. Como a Fênix que renasce de tempos em tempos, Fontoura parece inteiramente novo.

Eu estou morto porque não desejo nada
Não desejo nada porque penso que tenho tudo
Penso que tenho tudo porque não tento dar
Tentando dar vejo que nada tenho
Vendo que nada tenho tento me dar
Tentando me dar vejo que nada sou
Vendo que nada sou desejo vir a ser
Desejando vir a ser começo a viver.

René Dumal

Este livro-depoimento é dedicado à minha mulher Letícia,

aos meus filhos Daniel, Marina e Leonardo e aos meus netos, Sofia e Gabriel.

Foi com eles que aprendi a me tornar um feliz habitante deste planeta.

Antonio Carlos da Fontoura

Capítulo I

Corpo Fora

O meu primeiro filme de longa-metragem, Copacabana me Engana, é um filme sobre inadequação, um sentimento que me acompanhou durante muito tempo. Tanto que o primeiro título do roteiro foi Corpo Fora. Era como eu me sentia: um ser de outro planeta. Quando criança eu tinha certeza que era um extraterrestre, deixado com meus pais para que eles cuidassem de mim.

Meu pai nasceu no Rio de Janeiro em 1905. Chamava-se Togo. Nasceram muitos Togos nesta época, inclusive o Togo Renan Soares – o famoso Canela do Flamengo – o maior técnico de basquete que o Brasil já teve. Corria o ano da guerra russo-japonesa. A marinha japonesa derrotara a marinha russa no Estreito de Bhering e o grande estrategista fora o Almirante Togo. O meu avô torcia por ele e resolveu prestar-lhe homenagem. Mas podia ter sido pior, porque o outro almirante que meu avô admirava chamava-se Kuroki. Já pensou? A sorte do meu pai foi que um primo dele nasceu antes e ganhou o nome.

Meu avô era uma figura especialíssima. Felisberto Carneiro da Assunção Fontoura, apelido Gunga Din. Gunga Din era o protagonista de um filme com o mesmo nome. Meu avô era o típico coronel gaúcho, fruto de uma das 40 famílias que vieram dos Açores para colonizar o Rio Grande do Sul. Andava com peixeira de prata, lenço vermelho no pescoço. Veio para o Rio de Janeiro e se apaixonou pelas polacas. Dava banho de champanhe nas gurias e torrava a fortuna da família. A lenda que corre é que a minha avó era dona do trecho que vai da Av. Princesa Isabel até a ponta do Leme. Não à toa, minha avó terminou seus dias internada com severa depressão.

Mais atrás somos mouros. Invadimos a Espanha, seguimos para Portugal, compramos um título de nobreza – Fonte de Ouro – com direito a brasão, imigramos para os Açores e de lá para o Brasil.

Meu ramo materno é de pernambucano. Meu avô Benjamim Aranha de Moura era diretor de alfândega em Recife. Tinha uma família muito grande, com 12 filhos. Minha mãe nasceu no Maranhão, mas dizia ser de Recife porque, na verdade, só viveu em São Luís durante os seis primeiros meses de vida. Meu avô foi fazer um trabalho lá e ela nasceu nesse meio-tempo.

Recentemente fui para o Festival de Recife e quis revisitar esse lado da família. Não ia lá há 42 anos. Mas está todo mundo espalhado. A última tia, Cecília, morreu com 100 anos. Aproveitei para visitar a oficina de cerâmica do Francisco Brennand. Só tive emoção igual visitando o Parque Güell, em Barcelona.

Meu pai, cujo destino era ser militar, participou de uma insurreição contra o presidente da época. Acabou ficando um ano preso e quando saiu da cadeia o único lugar que o aceitou foi o Banco do Brasil. Fez boa carreira e acabou sendo nomeado diretor da FIBAN – Fiscalização Bancária de São Paulo –, uma agência precursora que viria a ser o Banco Central. Tínhamos uma vida abastada. Morávamos numa casa de dois andares no Jardim Paulista, Rua Guarará, com decoração *art-déco*. Até os meus 10 anos foi tudo do bom e do melhor. A família era sócia do Paulistano, um clube da elite.

Eu estudava no Instituto Teixeira Branco, ia com meu pai empinar pipa no Parque Ibirapuera e ver a sessão *Zig-Zag*, todo domingo de manhã, no cine Trianon, no Centro. Eram desenhos animados, filmes do *Gordo e o Magro*, comédias dos *Três Patetas*, programa de variedades. O primeiro filme adulto que eu vi foi *O Fio da Navalha*, uma adaptação da obra do Somerset Maughan.

Fui o primeiro filho de meus pais que vingou. Minha mãe, Marina, perdeu dois bebês. Na primeira gravidez ela rolou a escada que havia dentro de casa. Na segunda o bebê se enroscou no cordão umbilical. Por causa de tudo isso eu fui superprotegido. Eu era aquele *Com Quem Nada Pode Acontecer*. Todo mundo lavava a mão em álcool para pegar em mim. Até os quatro anos de idade eu só podia subir a escada de mãos dadas com a babá. Eu até podia ir brincar na rua, mas sob vigilância. Para sobreviver a isso tudo precisei de muita terapia. Foram oito anos de análise com a Inês Besouchet, outros tantos com a Lilian Stephan. Quer dizer, eu lutei muito para me tornar uma pessoa *normal*.

Quando criança eu me achava estranho e as pessoas percebiam que eu era diferente. Não que eu fosse o *C.D.F* babaca com notas boas. À minha maneira eu também fazia bagunça. Sentava na última fila e zoneava as aulas. Mas eu era diferente e criança percebe rápido essas coisas. Eles sabiam que eu não era *standard.* Por isso, talvez, a sensação de que eu não fosse desse planeta.

Um dia, para piorar a situação, um garoto foi atropelado na minha rua e morreu. A vigilância familiar redobrou e a regra passou a ser brincar dentro de casa. O único espaço que me sobrou foi o da minha imaginação. Quando eu tinha nove, dez anos, se eu tivesse uma festa para ir, dava um jeito de me refugiar na biblioteca e ficava lendo. Lia tudo que me caísse nas mãos: *O Tesouro da Juventude*, a *Coleção Terramarear*, aqueles livros de piratas e náufragos, tipo Robinson Crusoé. Minha mãe conta que aos 10 anos eu era um *expert* em mitologia grega. Meu pai tinha uma biblioteca grande. Era positivista e kardecista. Admirava Augusto Comte e Alan Kardec. Minha mãe, por sua vez, era católica apostólica pernambucana.

Eu, como diz minha mulher Letícia, sou ecumênico. Fiz primeira comunhão, mas a religião católica foi a que menos me tocou. Fui ogã de Candomblé durante 6 anos – funcionou como uma maravilhosa terapia – e aprendi muito com o Zen-Budismo. Eu não tenho uma religião única. Gosto de seguir uma idéia do Rajneesh: *A religião é como um barco que você utiliza para atravessar até a outra margem do rio. Depois que você atravessa não precisa mais do barco.*

Aos 10 anos vim morar no Rio de Janeiro. Aqui a situação mudou um pouco. Meu pai deixou a posição de diretor e veio dirigir o serviço telefônico do Banco do Brasil. Fomos morar na Ladeira dos Tabajaras em Copacabana. Depois, meu pai comprou um apartamento na rua Xavier da Silveira, também em Copa.

Uma das minhas primeiras lembranças de quando cheguei ao Rio foi ter ido com meu pai ver Brasil x Espanha no Maracanã durante a Copa de 50. Lembro do pessoal nas arquibancadas cantando *Eu fui às touradas de Madri pa-ra-rá-tim-bum-bum-bum*, uma marchinha de carnaval que estava estourando na época. Eu, que em São Paulo era são-paulino, passei a torcer pelo Flamengo. Ainda que fosse só por isso, teria valido a pena mudar para o Rio. Raça!

Eu estudava no Colégio Mello e Souza com várias pessoas que depois marcaram presença: a cantora Nara Leão, o músico Roberto Menescal, o crítico de arte Roberto Pontual, o costureiro Guilherme Guimarães, o cirurgião plástico Pedro Valente, o jogador e técnico de vôlei Roberto Feitosa e tantos outros. A turma era mesmo boa.

Nessa época – com 12 ou 13 anos – fiz meu primeiro filme. Eu tinha um amigo chinês que trouxe uma câmera de Xangai. Nós fizemos um curta, em 8 mm, um Tarzan urbano na Ladeira dos Tabajaras que, muitos anos depois, resultaria no *Cordão de Ouro*.

Eu ia muito ao cinema, um ótimo lugar para eu me esconder. Via dois filmes por dia. Copacabana era repleta de cinemas. Tinha o Ritz, o Rian, o Alvorada, o Riviera, o Metro. Às quartas e sextas, no Pirajá e no Astória, passavam aquelas sessões duplas: dois longas e um curta no meio. Nesses eu ia com os meus amigos da Ladeira dos Tabajaras. Na maioria das vezes gostava de ir sozinho. Mais tarde, depois que já havia mudado para a Xavier da Silveira, adquiri o hábito de comprar vários ingressos para os festivais da Metro e depois revender mais caro na fila. Com isso, eu pagava a minha entrada.

Eu tinha um pequeno caderno onde anotava todos os filmes que eu via com o título e o nome dos artistas, mas não reparava na existência do diretor. No fim do ano fazia a minha lista dos melhores filmes e atores, mas os diretores não participavam das minhas listas. Eu não era um cinéfilo, era um espectador comum, que me envolvia nas histórias, torcia pelo herói, me apaixonava pela mocinha, ria, chorava, me esquecia da vida, o que importava era isso. Eu amava os filmes de gêneros: ação, aventura, romance, musicais, comédias, *westerns*, filmes de piratas. Só bem mais tarde é que eu viria a descobrir o que se convencionou chamar de cinema de arte e filme de autor.

Eu adorava também a música americana. *Jazz*, especialmente. Um grande amigo – o arquiteto Bernardo Tuny – me apresentou ao Modern Jazz Quartet, ao Miles Davis e ao Thelonius Monk. Eu ficava horas com amigos, largado, olhando para o teto, curtindo os improvisos e os solos. Sonhava em ser baterista ou pianista, mas logo percebi que não levava muito jeito e me resignei a ser somente um grande ouvinte.

Comecei a falar inglês muito cedo, o que me ajudou bastante. A minha tia, irmã do meu pai, casou-se pela segunda vez com um americano e o meu primo Fernando, que morava nos Estados Unidos e era pouco mais velho que eu, veio passar um tempo com a gente. Por causa desse conhecimento da língua inglesa pude ler tudo no original, em *pocket book*: John dos Passos, John Steinbeck, Jack Kerouac, Allen Ginsberg. Achava que quando crescesse seria um romancista, mas logo descobri que não existia vestibular para escritor e para agradar meu pai fiz vestibular para o ITA – Instituto Tecnológico da Aeronáutica – para me tornar engenheiro eletrônico.

Era o único jeito de juntar o útil ao agradável, ou seja, a engenharia à música.

Eu planejava me tornar um *sound engineer* e me dedicar a produzir e gravar discos fantásticos. Mas não passei nas provas e, para não ficar mais um ano em cursinho, fiz um vestibular fora de época para Geologia.

Um amigo, o Zé Rache, me deu a dica. Eu nem sabia bem o que era Geologia e ele me explicou que era um negócio que estudava pedra. Resolvi fazer e passei em quarto lugar. Era a primeira turma de Geologia do Rio de Janeiro. Foi na Escola Nacional de Geologia, que tinha sido criada pelo Dr. Otto Henri Leonardos e que funcionava no DNPM – Departamento Nacional da Produção Mineral – na Praia Vermelha. O curso era considerado estratégico para o País. A gente ganhava para estudar, ficava isento do serviço militar e os livros eram cedidos gratuitamente aos alunos. Contudo nem com todas estas vantagens eu fui um aluno aplicado. Achava as matérias muito tediosas e gostava mesmo era de jogar totó e pôquer com os meus colegas. Mesmo assim consegui me formar.

Capítulo II

O Mascote dos Chopnics

Do outro Brasil só ficou o silêncio. Árvore secou. Passarinho, a Casa da Banha vende e diz que é frango. Água, Lacerda escondeu. Fartura. Verdura. Fartura e verdura voaram. Vamos começar da época em que tudo era verde... (Trecho do prólogo da peça *O Auto dos Noventa e Nove Por Cento*)

Na época em que entrei para a faculdade comecei a andar com uma turma formada por Armando Costa, Kumbuka, Henrique Grosso, Marat, Bernardo Tuny, Martinho, Caio Mourão. Uns caras mais velhos que eu que freqüentavam o Jangadeiros e inspiraram os *chopnics* do Jaguar, tirinha que saía no *Pasquim*. Eram os *beatnicks* do chope. Foi quando eu descobri as grandes conversas da madrugada, regadas a álcool. Eu tinha finalmente encontrado a minha turma de desajustados, que não me achava *diferente* e me tratava de igual para igual, apesar de eu ser alguns anos mais novo.

Quando eu estava para me formar em Geologia houve um divisor de águas na minha trajetória. O Oduvaldo Vianna Filho montou na arena da Escola de Arquitetura da Praia Vermelha – local do histórico show que lançou a Bossa Nova, em 1962, com Nara Leão, Carlinhos Lyra, Tom Jobim, Marcos Valle – uma peça chamada *A Mais-Valia Vai Acabar, Seu Edgar*. Todo dia eu ia assistir à peça com meus amigos da boemia e fiz novas amizades na platéia, entre eles Leon Hirszman, que respirava cinema, e Ferreira Gullar.

Um dia, no único Bob´s que existia na época, na Rua Domingos Ferreira em Copacabana, eu estava conversando com o Leon quando o Vianinha me aparece com o convite para trabalhar no recém-criado CPC – Centro Popular de Cultura – como dramaturgo. Eu disse a ele que não sabia escrever e ele insistiu: *Você não me disse que queria ser escritor? Então, vamos mudar a cara do Brasil.* O que ele propunha era um teatro de agitação, de engajamento político e eu topei. Fiquei sendo um dos três escritores do núcleo de dramaturgia do CPC da UNE. Os outros eram o próprio Vianinha e o Armando Costa. Aprendi tudo com o Vianinha.

O Armando também foi um grande parceiro. Ele era tão marginal quanto eu, talvez até mais. A gente escrevia inspirado no noticiário político. Por exemplo: a crise dos foguetes de Cuba que estavam apontados para os Estados Unidos. A gente ia lá, escrevia a peça num dia, no outro já estava representando no meio da rua, ponto de ônibus, praça pública, comércio, qualquer lugar onde tivesse gente.

Atuei como ator na *História do Formiguinho*, uma peça do Jabor dirigida pelo Joel Barcelos, e em *Tem ou Não Tem*, do Augusto Boal, onde eu fazia ninguém menos do que o *Super-Homem*. Ainda como ator interpretei o geólogo americano Walter Lynch na peça *Brasil Versão Brasileira*, do Vianinha e um cafetão paraguaio na peça Clara do Paraguai, do Armando Costa. Eu acredito que era um ator bastante insólito, introspectivo, desarticulado, porém quem me via achava que eu tinha sido aluno do Strasberg. Até o José Wilker disse que ficou impressionado quando me viu numa apresentação em Pernambuco. Mas no fundo era só timidez mesmo.

O Auto dos 99%, escrita por mim, Vianinha, Armando Costa e Cecil Thiré, era uma comédia musical sobre a reforma universitária no Brasil, que lançou a conhecida *Canção do Subdesenvolvido*, do Carlos Lyra, com uma letra imensa do Chico de Assis. Viajei o Brasil inteiro na UNE-Volante, apresentando estas peças em todas as capitais do País. Foi um momento de enorme efervescência cultural.

Nessa turma estavam também Ferreira Gullar, Nélson Lins de Barros, Alba Zaluar, Carlos Estevam, Chico de Assis, Eduardo Coutinho, Rogério Duarte, Duda Guennes, Cecil Thiré e Luís Carlos Saldanha. Aprendi muito com todos eles. O CPC foi uma verdadeira escola, mas eu não me interessava muito pelas questões políticas, na verdade só me ligava nos aspectos criativos. Cheguei a me filiar ao PCB, mas quando ia nas reuniões achava um saco. Eu era um humanista, me identificava com algumas idéias comunistas, mas não tinha paciência para me enfronhar na política partidária. Preferia criar e ser artista.

Nessa época eu ainda não pensava em cinema. Tanto que quando o CPC se associou ao grupo que deu origem ao Cinema Novo e produziu *Cinco Vezes Favela*, eu nem pensei em participar. Foi o único filme produzido pelo CPC. Uma idéia do Leon Hirszman, que dirigiu um episódio e convidou Marcos Farias, Cacá Diegues, Joaquim Pedro de Andrade e Miguel Borges para dirigir os demais. O episódio do Joaquim – *Couro de Gato* – já existia como curta-metragem e foi incorporado ao projeto. Eu não me interessei em fazer nem assistência de direção. Aquele projeto era da turma do cinema e eu era da turma do teatro.

Há algum tempo eu já estava formado e meu pai odiava que eu não estivesse trabalhando como geólogo. Então, por pressão familiar e também porque eu já estava começando a sentir a experiência com o CPC esgotada, resolvi ceder. Foi assim que eu comecei a trilhar um novo caminho, mas se tivesse seguido por ele provavelmente não estaria conversando com você agora.

Capítulo III

Cabras Marcados

Tenho a sensação de já ter reencarnado diversas vezes nesta mesma vida.

Meu pai era amigo dos donos da Mesbla, que eram relacionados com um grande grupo europeu, a Compagnie Générale de Géophisique. Eles me ofereceram uma proposta considerada irrecusável. As regras eram: eu passaria um ano no sertão da Bahia, trabalhando com uma equipe estrangeira de geofísicos, à cata de água no solo. Depois desse período seguiria para a França, onde me aguardava uma pós-graduação de três anos em geofísica em Paris e, posteriormente, para pagar o investimento, trabalharia durante seis anos para eles no Deserto do Saara. Resultado: depois de três meses no sertão, num lugar onde eu só conseguia tomar banho no fim-de-semana, de tão seco que era, comendo ovo frito com farinha, com aqueles geofísicos neuróticos, não agüentei a barra e resolvi cair fora. Acabava ali a minha grande chance de ser um grande geofísico. Voltei para o Rio e meu pai ficou chateadíssimo.

Li então no jornal que a Unesco estava promovendo a vinda do maior documentarista europeu para um curso de um ano no Brasil sobre as novas técnicas de cinema direto. Era o sueco Arne Sucksdorff. Desse curso saiu toda uma geração de cineastas: Domingos de Oliveira, Arnaldo Jabor, Vladimir Herzog – assassinado posteriormente pela ditadura –, Luís Carlos Saldanha, Alberto Salvá, Eduardo Escorel.

A gente pôde entrar em contato com equipamentos que ainda não existiam no Brasil: a câmera silenciosa Arriflex blimpada, o gravador Nagra sincronizado e a moviola Steinbeck. Era o que existia de mais atual no mundo em matéria de cinema. Resolvi me testar como diretor e fiz

um filminho – hoje perdido – chamado *Marimbás*, sobre os pescadores da colônia do Posto 6, em Copacabana.

E depois de resistir para entrar para a turma do cinema do CPC, acabei aceitando o convite do Eduardo Coutinho para fazer o *Cabra Marcado Para Morrer* em Pernambuco, uma produção do CPC da UNE. Estávamos em 1963, às vésperas do golpe. O meu plano era depois do filme continuar em Recife com minhas tias e estrear lá como cineasta. Queria fazer uma série de documentários sobre os camponeses de Pernambuco, mostrando como o recém-adquirido direito ao salário mínimo tinha mudado a vida deles.

O *Cabra Marcado* era a história do João Pedro Teixeira, um líder camponês da Paraíba assassinado a mando de um latifundiário. O filme reconstituía a história dele com personagens reais – inclusive sua mulher, Elisabeth Teixeira – mesclados com camponeses que viveriam outros tantos personagens, um precursor do que hoje se convencionou chamar de *docudrama*.

A minha função era parecida com a que eu já havia exercido no CPC. Eu conversava com os camponeses, colhia o linguajar, as expressões típicas, os maneirismos e ajudava o Coutinho a escrever os diálogos. Além disso eu fazia a continuidade. Eu era a pessoa menos indicada para essa função, nunca sabia nem mesmo onde estava a claquete.

Infelizmente não conseguimos concluir o trabalho. Estavam acontecendo coisas no Brasil que, devido ao isolamento no sertão pernambucano, a gente não tinha como acompanhar direito. No dia 31 de março de 1964 o Exército cercou a locação quando a equipe filmava uma noturna no Engenho Galiléia. A equipe enterrou as latas de negativo e depois escapou do cerco. Só foram presos o eletricista e o maquinista que estavam na base do filme, em Vitória de Santo Antão.

No dia do cerco eu estava em Recife, para consultar um médico sobre um problema gástrico. Da janela do escritório do filme em Recife eu vi o Exército cercar o Palácio do Miguel Arraes e decidi ficar dois dias escondido na casa de umas tias, antes de tentar voltar à base em Vitória de Santo Antão. Lá não encontrei mais ninguém e voltei novamente a me refugiar na casa das minhas tias. Dia após dia os jornais publicavam matérias delirantes dizendo que a equipe do filme era na verdade um grupo guerrilheiro chamado *Marcados Para Morrer*, que estava treinando os camponeses para matar os cem mais importantes latifundiários de Pernambuco.

Um dia, passeando em Recife, encontrei na rua o fotógrafo do filme, Fernando Duarte. Ele e o Cecil Thiré tinham adotado a mesma tática, faziam se passar por turistas americanos, desfilando nas ruas de *jeans* e camisas floridas. Passamos a nos encontrar clandestinamente, mas a situação piorou e fui me esconder em Carpina, na casa de outros parentes. Até que não agüentei mais e apelei para o Cecil: *Chama a tua mãe que ela consegue tirar a gente daqui.* Foi quando a Tônia Carrero veio em nosso socorro e conseguiu nos tirar daquela situação macabra.

Voltando ao Rio fui ser crítico de cinema no *Diário Carioca*, com o Glauber Rocha e o David

Neves. Foi uma fase ótima. Com eles me acostumei a assistir cinema de uma maneira mais distanciada, com um viés mais analítico. Não era aquela coisa de mergulhar na história como eu fazia nos meus anos de Metro, mas de me ater à linguagem, ao ritmo do roteiro, da montagem. Fiz parte da geração Paissandu, vi muito Godard, muito Buñuel, aqueles filmes que faziam com que gastássemos horas e mais horas de discussão nas mesas dos bares.

Nessa época surgiu o grupo Opinião, oriundo do CPC. Para o primeiro espetáculo do grupo – *Opinião*, com Nara Leão, Zé Keti e João do Vale – garimpei todas as canções de protesto que a Nara cantava em inglês: Bob Dylan, Pete Seeger, Woody Guthrie. Eram canções de alguns dos meus heróis americanos.

Minha formação cultural era impregnada pela música, pela literatura e pelo cinema americanos. O Luiz Carlos Maciel dizia, brincando, que eu havia me politizado lendo John Steinbeck e John dos Passos e que meu destino era ser intelectual de esquerda nos Estados Unidos. Ainda cheguei a escrever uma peça para o Opinião – *A Saída, Onde Fica a Saída* – em parceria com o Ferreira Gullar e o Armando Costa, sobre a inevitabilidade da 3ª Guerra Mundial. A direção foi do João das Neves e no elenco estavam Célia Helena,

Ivan Cândido, Rubens Correa, Luiz Linhares, Oduvaldo Viana Filho e Carlos Vereza. Era uma peça altamente política e no texto de introdução nós escrevemos:

Esta peça é, antes de mais nada, uma obra teatral. Isto é: um meio específico através do qual alguns homens comunicam alguma coisa a outros homens. O que esta peça procura comunicar aos espectadores é que todos eles têm responsabilidade na possível deflagração de uma guerra nuclear que porá fim à civilização. Foi uma das últimas produções do grupo.

Capítulo IV

Prazeres, Veres, Ouvires

Num filme muitas pequenas coisas precisam dar certo. Tem que ter muita sorte, intuição e atenção.

Quem me ajudou a fazer meu primeiro filme foi o Arnaldo Carrilho. Eu li no jornal uma matéria sobre o Heitor dos Prazeres, sambista e pintor que vivia de glórias passadas, me deu vontade de fazer um filme sobre ele. O que me atraiu foi o fato de ele viver num mundo que não existia mais – da Tia Ciata e das cabrochas. Um mundo que só sobrevivia em suas lembranças e nas telas de seus quadros. Fui visitá-lo com um Nagra e das nossas conversas nasceu o roteiro do filme. Era sobre uma certa sensação de perda, que eu compartilhava, mas ainda não era um filme tão pessoal assim.

O Carrilho, na época, era diretor do Serviço Cultural do Itamaraty. Perguntou no que poderia me ajudar e eu, aconselhado pelo David Neves, pedi nove latas de Eastmancolor de 300 metros. Ele me deu as nove, eu vendi seis e filmei com três. Com o dinheiro da venda das seis paguei a produção.

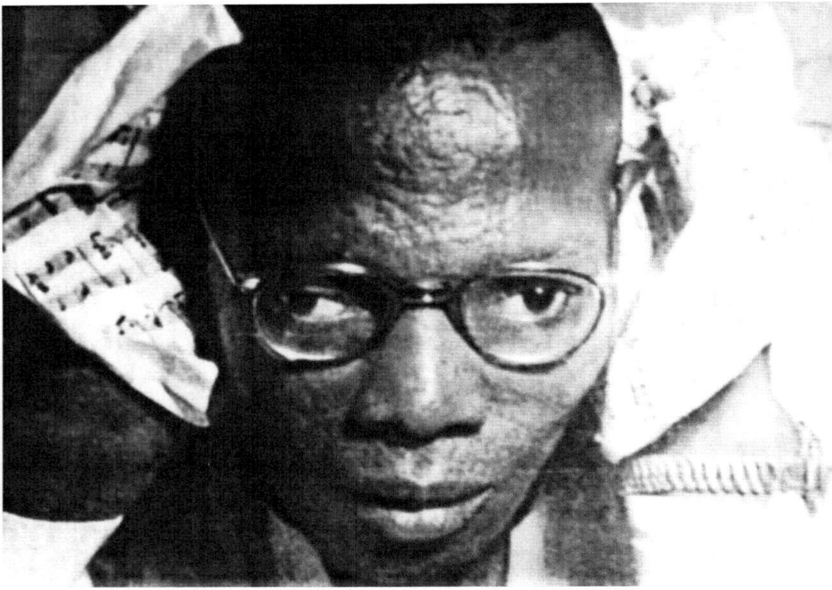

Curta-metragem Heitor dos Prazeres

Éramos eu, o Affonso Beato na fotografia e o Henrique Coutinho, grande jornalista, na época nosso assistente e motorista. A gente ia para a casa do Heitor, ele fazia aquelas comidas maravilhosas, cantava sambas com umas cabrochas lindas, mas não pintava mais. O ateliê parecia uma oficina de arte renascentista. O Heitor riscava os contornos e dois funcionários preenchiam as telas nos tons escolhidos. O ateliê estava instalado numa belíssima casa de cômodos da Rua General Pedra, que não existe mais, tanto quanto a rua, devorada pelas obras do metrô da Praça Onze.

Curta-metragem Heitor dos Prazeres

Sempre gostei de pintura, mas o que deu o clique para meu segundo filme foi uma exposição no Museu de Arte Moderna chamada Nova Objetividade Brasileira. Uma coletiva com trabalhos de Hélio Oiticica, Rubens Gerchman e de uma turma de artistas da minha geração, que expressava em seus quadros as mesmas angústias e ansiedades que eu tinha. Muita coisa que eu sentia e imaginava encontrava ali naqueles quadros.

Logo em seguida alguns daqueles artistas fizeram uma coletiva na Galeria G4 em Copacabana. Eram eles Rubens Gerchman, Roberto Magalhães, Antonio Dias, Pedro Escosteguy e Carlos

Vergara. Por alguma afinidade especial três deles atraíram naquele momento a minha atenção: o Roberto, o Antonio e o Rubens. Decidi fazer um filme sobre pintura que ia se chamar *O Que Você Deve Ouvir*, mas que, depois de pronto, acabou rebatizado de *Ver Ouvir*. Viajando no trabalho deles botei para fora os meus sentimentos mais contraditórios. Eu não sei se é o meu melhor filme, mas é o filme de que eu gosto mais. Um curta-metragem com 18 minutos de duração. Não é um filme sobre Rubens Gerchman, Roberto Magalhães e Antonio Dias, é um filme com eles. E com certeza é um filme sobre mim, tanto quanto o *Copacabana me Engana*.

Curta-metragem Ver Ouvir

A parte do Roberto – *Um Jogo de Espelhos* – tratava da brincadeira infantil, com o Roberto eu brincava com as imagens da minha infância, que lutavam para não se perder. A minha criança sofrida reagia no segmento do Antonio – *Preparação Para o Contra-Ataque*. O Antonio era a minha criança ensangüentada. O Rubens revelava onde eu poderia chegar, abrindo mão do isolamento e me misturando à geléia geral. Chamei a parte dele de *Os Desconhecidos*.

Cada um dos três artistas tinha escrito depoimentos individuais para acompanhar a exposição dos seus trabalhos na G-4. Decidi usar esses textos, na voz deles próprios, como a base narrativa do filme. Eram declarações muito significativas:

E hoje, em 1966, aos 26 anos, faço todo o possível para voltar novamente a ser criança. (Roberto Magalhães)

Então só pinto para dizer alguma coisa. O ato de pintar me chateia: se pudesse mandava alguém pintar por mim. (Antonio Dias)

O mundo é uma caixa e o homem dentro da caixa, ela que foi sua primeira morada, que é o lugar para onde ele volta depois do trabalho, onde faz amor, para onde irá depois que tudo acabar. (Rubens Gerchman)

Pedi ao Ferreira Gullar para escrever e narrar um texto e decidi fechar o filme com os versos finais de *Uma Faca Só Lâmina*, meu poema predileto do João Cabral de Melo Neto: *Por fim, à realidade / prima e tão violenta / que ao tentar apreendê-la / toda imagem rebenta.*

Meu processo de criação foi puramente intuitivo. Eu ia para os ateliês dos artistas, ficava observando eles trabalharem e as idéias surgiam. Tinha ficado amigo de um fotógrafo americano – David Drew Zingg – que o Glauber brincava ser um agente da CIA infiltrado. A equipe era eu, ele e o João Carlos Horta, que operava o som e fazia a câmera. A gente filmava só nos finais de semana, com uma câmera 35 emprestada e usando as sobras de filme de um longa que estava sendo rodado no Parque Laje, cujo produtor – João Elias – era meu amigo. Todo dia sobrava 40 metros do chassi e ele me dava.

O Antonio Dias morava na Rua Aprazível, em Santa Tereza. A primeira vez que eu fui lá filmar sugeri que o Antonio se deitasse numa cama no chão, com um lençol bonito que a esposa dele tinha feito, cerquei ele de quadros e botei o olho na câmera para filmar. Só que eu não conseguia. Sentia que estava faltando alguma coisa. De repente, do nada, eu disse pra ele: *Você tem que usar uma máscara contra gases*. Ele ficou pasmo

Curta-metragem Ver Ouvir

e disse: *Eu não te mostrei esse desenho ainda.* Ele então foi lá dentro e me trouxe um desenho dele deitado numa cama com uma máscara no rosto. Foi assim que eu fiz esse filme. De um jeito meio maluco, entende?

Com o filme pronto, depois da preciosa colaboração do Mário Carneiro na montagem, fui estrear *Ver Ouvir* no Festival de Brasília. As pessoas assistiram no mais absoluto silêncio e eu achava que todo mundo estava odiando. No fim do filme toda a platéia se levantou e aplaudiu de pé, pessoas que eu nem conhecia gritavam meu nome. Naquela noite até um pedido de casamento eu recebi da Joana Fomm. Foi para mim uma emoção indescritível. Quem não gosta de fazer sucesso?

Acabou que o filme ganhou todos os prêmios de melhor curta do ano. Foi convidado para a Bienal de Arte Jovem de Paris e o Museu de Arte Moderna de Nova York comprou uma cópia. Um dia eu abro o *Jornal do Brasil* e o crítico mais famoso da época – Clarivaldo Prado Valadares – tinha escrito uma página dupla sobre o *Ver Ouvir*.

Curta-metragem Ver Ouvir

Capítulo V

Adolescência Tardia

Você precisa saber da piscina / da margarina / da Carolina / da gasolina / Você precisa saber de mim / baby, baby / eu sei que é assim (Baby, canção de Caetano, tema do filme *Copacabana me Engana*)

Por essa época eu sempre ouvia no rádio uma música que me tocava: *Quem canta comigo / canta meu refrão / meu melhor amigo / é meu violão*, na voz da Alaíde Costa. Descobri que o autor era um tal de Francisco, filho do Sérgio Buarque de Hollanda. Quando fui a São Paulo filmar Roberto Magalhães no Parque Xangai, decidi procurar o jovem compositor.

Eu e o David Zingg ficamos num hotelzinho vagabundo na Avenida Ipiranga e fomos até a faculdade de Arquitetura, onde o Chico estudava, para marcar um encontro no hotel. O Chico levou o violão e cantou umas 18 músicas. Entre elas, *Olê Olá, A Rita, Pedro Pedreiro, A Banda*. Fiquei chapado. Fiz uma gravação no Nagra, trouxe para o Rio e mostrei para o Hugo Carvana, que trabalhava com a Odete na peça do Vianinha *Se Correr o Bicho Pega, Se Ficar o Bicho Come*. O Carvana era da noite, o cara certo para me ajudar a trazer o Chico para uma temporada de shows no Rio. Quando mostrei a fita ele delirou.

Fizemos uma sociedade. Ele ficou com a produção e eu com o roteiro e a direção. Voltamos para São Paulo, convidamos o Chico e arrendamos a boate Arpège, do Waldir Calmon, no Leme. Apresentei o Chico para a Odete Lara, com quem eu estava casado, e ao MPB-4, que eu já conhecia do CPC – eram eles que cantavam *A Canção do Subdesenvolvido*, no *Auto dos Noventa e Nove por Cento* – e batizei o show de *Meu Refrão*. Pedi para o Antonio Dias redecorar a boate, que era muito careta.

O Chico era bem mais tímido do que hoje. Ele perguntou para mim *Para onde é que eu olho quando estiver cantando?* Eu sugeri: *Olha pro bico da águia.* Resultado: o Chico cantou os três meses olhando fixamente para o bico da águia, um dos adereços que o Antonio tinha posto no cenário. Ele não encarava o público de jeito nenhum.

Na primeira semana já foi um sucesso. Na segunda voltava gente da porta. Aí o Chico ganhou o festival com *A Banda* e não teve pra mais ninguém. Ficamos três meses em cartaz. Ganhei dinheiro a rodo. Torrava tudo. Ia com a Odete no

Doubiansky, restaurante russo no Posto 6 e me fartava de vodca com caviar quase toda noite. Era uma farra.

Anos depois voltei a produzir um show musical com o Sidney Miller, a Odete e um grupo de São Paulo – *As Meninas*. O divulgador do show era o Tarso de Castro, recém-chegado ao Rio, mas não foi o mesmo impacto. Mesmo assim foi uma experiência bacana. O Miller era um compositor excelente e a Odete era o ícone da mulher carioca. O João Gilberto só a chamava de Loura, o Vinícius de Moraes de Detinha. A gente ia para casa do Vinícius e ficava de prosa com ele, à beira da banheira. Ele no banho de imersão, fumando charuto e bebericando uísque.

A Odete era tão cultuada que no *Pasquim* teve uma capa com aquele ratinho do Jaguar, o *Sig*, repetindo *Odete Lara, Odete Lara, Odete Lara*, como uma idéia fixa. Por intermédio dela tive a oportunidade de conviver com muita gente. Aquelas festas em Ipanema eram maravilhosas. Vinícius, Baden, Tom, João, quarenta pessoas em volta deles, uma época de ouro.

Quando conheci a Odete ela fazia *Liberdade, Liberdade* no Opinião e namorava o Vianinha. Depois eles se separaram e a gente engatou. Eu tinha 25 anos e ela 35. Saí da casa da mamãe e fui morar com ela. Ficamos três anos juntos. Até hoje somos grandes amigos. Por causa dela, que era muito considerada na classe artística, pude convidar atores conhecidos para o meu primeiro longa-metragem, como Cláudio Marzo e Paulo Gracindo.

Para o papel principal eu escalei, por indicação de uma amiga atriz, Selma Caronesi, o Carlo Mossy. Ele tinha acabado de chegar de Paris, onde passou dois anos fazendo curso de ator. A história do Mossy é curiosa. Ele salvou o maior *marchand* de quadros falsos do mundo de um afogamento na praia de Copacabana e, em retribuição, ganhou um curso de preparação de atores em Paris. Voltou com tanto sotaque que teve que ser dublado no filme. Quem dublou ele foi o Rodney Gomes, que dizem ter sido o melhor dublador do cinema brasileiro.

Eu tinha passado a adolescência morando na Rua Barata Ribeiro esquina com Xavier da Silveira e em frente tinha um prédio cheio de janelas, daqueles em que mora um monte de gente, toda noite eu ficava na janela me intrometendo na intimidade alheia e paquerando as mulheres, daí resolvi fazer um filme sobre isso. *O Copacabana me Engana* é isso: um filme sobre o que eu via da minha janela.

Para poder filmar vendi meus dois primeiros curtas. Nessa época havia a lei que obrigava a exibição de curtas antes dos longas. Ganhei também apoio da CAIC, órgão criado pelo Carlos Lacerda. A Dalal Achcar, amiga minha e da Odete, com o apoio do marido, meu grande amigo Baby Bocayuva, completou os 30% que faltavam.

Eu nunca tinha feito uma obra de ficção. Ignorava que um filme precisava ter cenógrafo, continuísta e figurinista. Como é que eu vestia os atores? Eu me voltava, por exemplo, pro Mossy e perguntava: *Como é que o Marquinhos se veste?* Então pedia que ele saísse com a Marilu Fiorani, mulher do meu produtor executivo, Mário Fiorani, para comprar as roupas do personagem. Para a Odete eu dizia: *Odete, se vira. Produz a tua roupa.*

O Zelito Viana me emprestou o apartamento da mãe dele na Rua Raimundo Correa. Ficou sendo a casa do protagonista, o tal desocupado que fica paquerando as mulheres. No prédio em frente tinha um imóvel vazio. Alugamos para ser a casa da Irene, personagem da Odete.

Escrevi o roteiro com o Armando Costa. Quando entrou o Paulo Gracindo a gente achou que precisava de alguém com um estilo diferente para escrever as cenas do personagem dele e

Odete Lara e Paulo Gracindo, em Copacabana me Engana

chamamos o Leopoldo Serran, sarcástico e sofisticado. A coisa ficou assim: as cenas da família eu escrevi, as cenas da turma, o Armando e as do Gracindo, o Leopoldo.

Trabalhar com Gracindo, aliás, foi uma experiência ímpar. Imagina um jovem diretor estreante ao lado de um ícone da cena brasileira. No primeiro dia em que ele ia encarnar o Alfeu, amante de Irene, personagem da Odete, levei ele para um canto para dar alguma orientação, mas ele foi direto: *Não precisa me dizer nada não, meu filho. Eu sou o Alfeu.* Isso me valeu para o resto da vida. Nunca

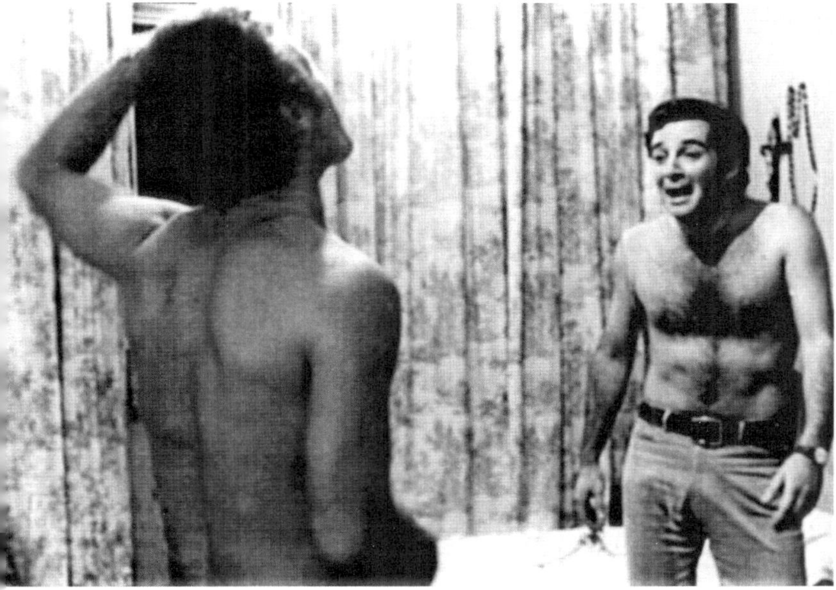

Cláudio Marzo e Carlo Mossy, em Copacabana me Engana

mais tentei motivar os atores em termos psicológicos, simplesmente digo o que eles precisam fazer em termos de ação física: *Vai até lá, pega a garrafa, serve o uísque.* A emoção precisa brotar naturalmente, de um lugar a que só o próprio ator tem acesso. Quando crio meus roteiros também procuro escrever da maneira mais simples e direta possível. Roteiro é ação e diálogo – o que é visto e o que é ouvido, quanto menos filosofia e psicologia melhor. Em roteiro o menos é mais.

Também não gosto de fazer o filme antes no papel. Às vezes, dependendo da cena, que pode envolver efeitos especiais, sou obrigado a decupar. Mas não gosto de chegar no *set* com uma idéia preconcebida de como filmar. Assim como o Jackson Pollock, que fazia *action painting,* acho que, de alguma maneira, eu faço *action shooting.* Aliás, para ficar em ainda mais ilustre companhia, para falar do meu estilo de trabalho, gosto de parafrasear Picasso: *Eu não procuro, eu acho.*

Nessa época os cineastas do Cinema Novo – Serginho Bernardes, com *Desesperato*, Paulo César Sarraceni, com *O Desafio*, Maurício Gomes Leite, com *A Vida Provisória* – faziam filmes

Carlo Mossy e Odete Lara, em Copacabana me Engana

sobre intelectuais de esquerda lutando contra o sistema. Na contramão eu fiz um filme sobre um burro de direita, que nem se dava conta que existia um sistema. Os intelectuais e artistas saíam em passeatas no centro do Rio enquanto eu filmava em Copacabana, na praia, nas ruas e nas lanchonetes.

Acho que na origem do filme eu tive um pouco de influência do *Opinião Pública*, do Arnaldo Jabor, um documentário sobre a classe média, mas visualmente minha maior influência foi *O Milagre de Anne Sulivann*, do Arthur Penn. A câmera acompanhava a movimentação dos personagens em chicote. Peguei também uma manha do Godard – aquilo dos personagens falarem olhando para a câmera – e misturei tudo com uma pitada do neo-realismo italiano.

O título inicial do projeto era *Corpo Fora*, mas quando eu ouvi Superbacana, do Caetano, onde ele canta *Copacabana me engana / eu nasci pra ser o superbacana*, mudei o título, mas não usei a música como tema do filme, preferi *Baby*, do mesmo Caetano, na voz da Gal, que retratava melhor o protagonista, com aquele refrão em inglês *Baby, I Love You*.

Quando o filme ficou pronto Odete e eu fizemos algumas sessões para pequenos grupos.

Carlo Mossy, em Copacabana me Engana

Convidamos Nélson Rodrigues, Jorge Amado, Clarice Lispector, Érico Veríssimo, Glauber Rocha e pedimos que eles escrevessem algo a respeito. Então saíram coisas maravilhosas, que depois foram usadas na promoção do filme, como o que disse a Clarice: *Assistir ao filme e andar depois por Copacabana me fez ver o bairro com novos olhos.*

Eu não tinha distribuidor, mas alguns diretores do Cinema Novo haviam criado a Difilm, comandada pelo Mario Fallaschi. Mostrei o filme, o Barreto adorou e botou na Difilm. Fizemos uma pré-estréia especial para todos os moradores do bairro no Art-Copacabana.

Para a Odete mandamos fazer um vestido com o desenho das ondas do calçadão, com direito a presença no baile no Copacabana Palace. Ou seja, foi um superlançamento. O filme lotou por quatro semanas o Art-Copacabana e terminou fazendo um enorme sucesso.

Os filmes do Cinema Novo não faziam grandes bilheterias. Tinham prestígio, mas pouco público. Por conta disso o Glauber ia lá para casa e ficava

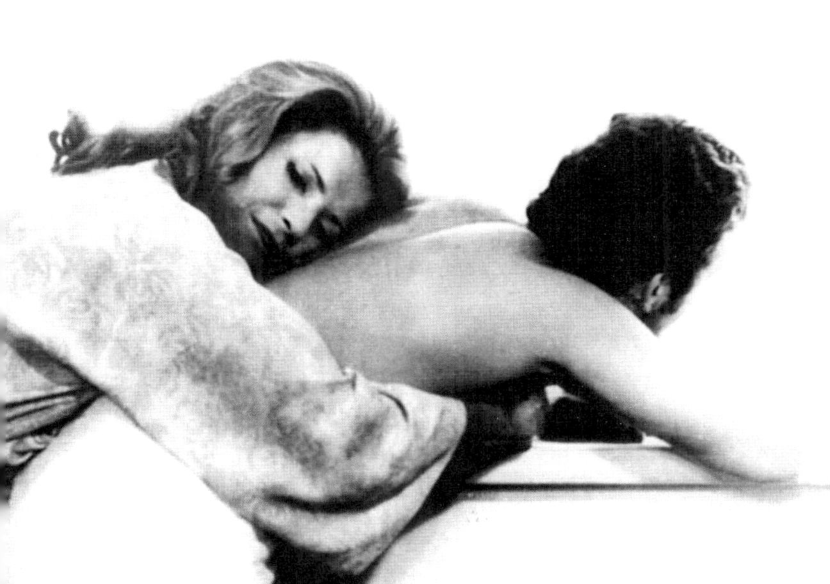

Odete Lara e Carlo Mossy, em Copacabana me Engana

ligando para o Bruni, louco para saber quantos espectadores o filme tinha feito. Até parecia que ele estava mais mobilizado pelo sucesso do que eu. Ele nunca tinha vivido isso, nem eu também, aliás. O filme fez um milhão de espectadores e fiquei completamente chocado, não estava nem um pouco preparado para fazer sucesso.

Levei o filme para o Festival de Brasília, onde tinha como maior concorrente *O Bandido da Luz Vermelha*, do Rogério Sganzerla. Acabou que o *Bandido* levou o Candango de melhor filme, mas o *Copacabana* ganhou os prêmios de roteiro, fotografia e atriz. Ganhei tanto dinheiro que comprei carro, apartamento, viajei pra África, Estados Unidos, Europa. Vivi, aos 28 anos, a minha segunda adolescência. Descobri a música *pop*, Caetano e Gil, os colares *hippies*, o cabelo nas costas, o ácido lisérgico, fiquei amigo da Gal, do Macalé e do Hélio Oiticica. Além de curtir adoidado, eu fiz uns dois ou três curtas e mais nada.

Joel Barcellos e turma, em Copacabana me Engana

CLAUDIO MARZO
JOEL BARCELLOS
ODETTE LARA
CARLO MOSSY
PAULO GRACINDO
COPACABANA
ME ENGANA
de ANTONIO CARLOS FONTOURA

Eis um filme explosivo, egoísta, cruel, nada construtivo, engraçadamente desesperado – jovens de Copacabana descobrindo a vida, as baixezas do mundo, as desilusões patéticas dos amôres de acaso

Antônio Carlos Fontoura: Copacabana não me engana

Marquinhos, o jovem superbacana, e Irene, a mulher de 30, vivem em Copacabana um romance brutal e sem compromisso Odette Lara fala ao repórter Luís Vergniaud sôbre o papel mais apaixonante da sua longa carreira.

"Copacabana me engana", um filme sôbre a classe média

O filme "Copacabana me engana", de Antônio Carlos Fontoura, é o grande lançamento da semana na Guanabara. Sua principal intérprete, Odete Lara, fala com extraordinário entusiasmo da sua participação neste filme que assinala o revigoramento do Cinema Nôvo.

— Comecei a trabalhar em cinema em 1956, e desde então colaborei em 25 filmes, mas "Copacabana me engana" proporcionou-me o papel em que me sinto mais realizada como atriz. Por quê? Porque se trata de uma personagem real, arrancada ao dia-a-dia, e principalmente porque a minha vivência me auxiliou a recriá-la.

Irene

Odete interpreta o que ela chama de "mulher vivida". A mulher experiente, de 35 anos, que já fêz um pouco de tudo na vida: aeromoça, vendedora de produtos de beleza, garôta propaganda, e que nunca obteve o que realmente sempre desejou — independência.

— A mulher que eu vivo no filme — Irene — é o tipo de criatura que mais freqüentemente se encontra, nos dias de hoje, numa grande cidade e num grande bairro como Copacabana — explica Odete Lara — É a mulher que, motivada pelo cinema, pela literatura moderna, pela vida das amigas, procura desde a adolescência alcançar um estágio que considera ideal — a independência, para tornar-se dona de si própria sob todos os aspectos. Quem não conheceu uma mulher assim numa grande cidade? É a mocinha que, aos 14 anos, dormia no mesmo quarto com a irmã — mas desejava um quarto só para ela. Que aos 15, já aspirava a um bom emprêgo para não ter de pedir dinheiro aos pais. Que aos 16 enfrentou sua primeira experiência sexual. Enfim — uma mulher real, profundamente humana, sem nada de extraordinário e grandioso, como a maioria das mulheres — e dos homens. Ao tomar conhecimento das características do papel que Fontoura me destinava, logo compreendi que iria viver alguma coisa de real, embora a personagem fôsse fictícia. Tratava-se da existência frustrada de imensa parcela da humanidade do meu sexo. Irene era uma mulher que eu entendia, que milhares de mulheres como eu poderiam entender.

DIRETOR E ESTRÊLA: ANTÔNIO CARLOS FONTOURA E ODETE LARA

O trio

Diz Odete Lara que, a despeito do ideal de Irene de alcançar a independência e de desfrutá-la, fazendo somente o que deseja, ela acaba mesmo caindo na situação que desejava evitar: para ir vencendo seus problemas materiais, liga-se a um cinqüentão (Paulo Gracindo, no filme), que a mantém. Depois de viver quatro anos com êle, Irene conclui que estava sacrificando tudo a uma questão de segurança. Aciona, então, o seu "mecanismo de compensação" e começa a dedicar-se a um jovem de 21 anos — o superbacana — para se divertir sem, obviamente, precisar dêle para a cobertura de suas necessidades financeiras.

— Quer dizer que a relação entre Irene e o superbacana...

— É epidérmica — responde logo Odete. — Tanto que dura apenas o que costumam durar as relações epidérmicas.

"Copacabana me engana" — conta Odete — é a estória de um garotão bonito, simpático e frívolo, Marquinhos, que se acredita superbacana. Não estuda, mas faz vestibular todos os anos e, evidentemente, é sempre reprovado. É o protótipo do jovem que quer encontrar o mundo pronto, com seu apartamento de cobertura dotado de ar condicionado e se possível já decorado, carro esporte de luxo e a melhor mulher para esnobar os garotões seus cupinchas. Mas êle nada faz para concretizar essas ambições. Entre seus sonhos e a realidade há a impossibilidade de uma evolução, porque o superbacana é inoperante, não constrói coisa alguma. Antônio Carlos Fontoura sintetizou a situação com muita objetividade, quando disse que "enquanto a glória não vem, o jeito é ficar mesmo na algazarra da esquina, na indolência da praia, no sexo dos apartamentos. Na Avenida Atlântica, os Mustangs e Mercedes passam e não param".

Em suma: "Copacabana me engana" pretende descrever a vida da juventude-que-quer-muito-mas-não-faz-nada das praias cariocas.

— Através de Marquinhos — acrescenta Odete — nós encontramos tôda a classe média de todo um bairro e, afinal, de todo o Rio de Janeiro. Parece-me que uma das pessoas que melhor definiram o filme foi o escritor Nélson Rodrigues, ao falar em "excepcional fatia da vida de Copacabana". Claro que Copacabana podia ser substituída por qualquer outro bairro da cidade. O motivo pelo qual foi escolhido prende-se ao fato de ser o mais rico em densidade demográfica, um painel onde se reflete a vida carioca.

Realismo

Para Odete Lara, o cinema deve fixar a realidade palpitante do mundo de hoje e registrá-la de modo objetivo.

— "Copacabana me engana", por exemplo — afirma a atriz —, tenta absorver todos os elementos que compõem a vida de um grande bairro: dramas íntimos, frustrações, irresponsabilidade, brigas familiares, promiscuidade, sexo, mas também amor, calor humano, o desejo de desfrutar a dádiva da vida. Irene, como Marquinhos, é vítima da sociedade, mas também cúmplice dessa mesma sociedade, e suas impressões digitais podem ser vistas nitidamente nos pequenos crimes, nos pequenos pecados que essa sociedade comete cotidianamente contra ela mesma. É um filme encharcado de humanidade e que reflete a realidade da vida numa grande cidade, com tôdas as suas grandezas e abjeções, talvez estas mais do que aquelas.

Capítulo VI

Cangaceiras e Desbundes

Diretor de cinema era patrulhado pela esquerda nos anos 60. Saiu numa coluna social que eu estava fazendo ioga e o Glauber veio reclamar comigo: 'Cineasta não faz ioga.'

O Scliar tinha assistido *Ver Ouvir* e me convidou para fazer um filme sobre o trabalho dele em Ouro Preto. Aí eu filmei o curta *Ouro Preto e Scliar*, de 1969. E fiz o *The Last and First Man*. O meu amigo José Sanz estava organizando o primeiro congresso *science-fiction* no Brasil. Eu era um fã do gênero, apaixonado por Ray Bradbury e por Alfred Bester, que escreveu um livro que durante anos sonhei em filmar – *Tiger, Tiger* – título inspirado num poema do William Blake. Para o congresso veio também o Robert Scheckley, que escrevia uns livros absolutamente malucos, como *Mindswap*, sobre um terrestre que trocava de mente com um marciano. Resolvi fazer esse curta e chamei o Antonio Calmon para co-dirigir. Ele era o mais brilhante assistente de direção do Cinema Novo. Tinha trabalhado com Glauber Rocha e Cacá Diegues. Infelizmente o filme se perdeu, não sei onde se encontra o negativo.

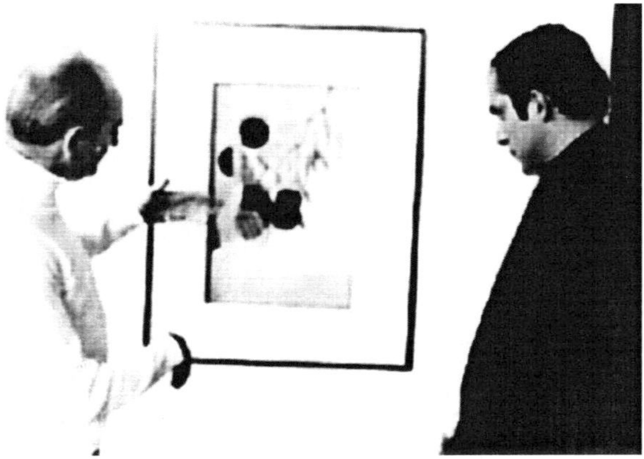

Curta-metragem Ouro Preto - *Scliar*

Nessa época eu já tinha me separado da Odete e tinha me mudado para uma cobertura em Ipanema, que havia se tornado ponto de encontro para os irmãos baianos Waly e Jorge Salomão, Ivan Cardoso e Hélio Oiticica.

Eu já havia participado do Festival de Brasília três vezes com meus dois primeiros curtas e meu primeiro longa. A cidade, que me parecia uma visão *science-fiction* no meio do cerrado, chamava também minha atenção pela forte presença nordestina dos candangos. Numa certa madrugada, durante um Festival de Brasília, viajando a pé pela cidade com o Joel Barcelos eu tive uma visão – cangaceiros saíam de dentro de uma moita do cerrado em pleno Eixo Monumental.

Voltei para o Rio com esta impressão visual e escrevi o argumento de *A Cangaceira Eletrôni-*

ca, para depois desenvolver o roteiro com Duda Machado, um brilhante poeta baiano que na época morava na minha cobertura em Ipanema. Era a história de um grupo de cangaceiros, ídolos da canção popular, *Maria Bonita e seu Bando Elétrico*, terror e alegria da cidade de Brasília, assolando as ruas armados com fuzis e guitarras elétricas, cantando e atirando no público, pois cantar e matar faziam parte do mesmo espetáculo bancado pelos patrocinadores, que indenizavam regiamente as famílias das vítimas do bando. Enfim, um delírio e tanto.

A Cangaceira Eletrônica ainda não passava de um projeto, então enquanto o dinheiro para filmar não saía me juntei ao Davi Neves e criei a Pop Filmes. Fizemos dois curtas: *Mutantes* e *Gal*. Eram, na verdade, precursores de clipes musicais. Nossa produtora ainda fez mais um filme, com o Jorge Ben, que o Paulo Veríssimo dirigiu. O empreendimento era uma *joint venture* minha e do Davi com o André Midani, então diretor da Philips, mas a matriz holandesa não se interessou pelos filmes e o negócio acabou. Nessa mesma época descobri o Super-8. O Davi Neves me vendeu a câmera dele e eu passava o dia filmando. Tenho dois anos da minha vida registrado em Super-8, uma espécie de diário visual.

Curta-metragem Gal

Enquanto isso eu continuava tentando filmar *A Cangaceira Eletrônica* e tinha uma promessa de produção do César Thedim. Ele ia fazer um filme sobre o Wilson Simonal – *É Simonal* – e com a grana que imaginava ganhar íamos produzir *A Cangaceira Eletrônica*. Contratei o Hélio Oiticica para criar os cenários e os figurinos. Ele não demorou muito para me aparecer com um caderno de desenho com todos os cenários e figurinos, uma verdadeira maravilha.

Só que houve o episódio em que o Simonal foi denunciado como dedo-duro dos militares, o filme *É Simonal* foi um fracasso de bilheteria e o César Thedim desistiu de produzir cinema. O projeto de *A Cangaceira Eletrônica* foi abortado.

Só me restou fazer outro curta, talvez o de linguagem mais radical dentre todos que eu fiz. Em 1972, encomendado pelo Vitor Arruda, pintor e dono de galeria, fiz um filme com a Wanda Pimentel, empreendendo na companhia silenciosa da artista e de seus quadros uma viagem ao mundo solitário da mulher.

Mais tarde, entre meu segundo e meu terceiro longa-metragem, ainda fiz outros curtas. Em 1974 *Chorinhos e Chorões*, uma história do chorinho com roteiro do Lúcio Rangel, que eu havia aprendido a amar nas noites boêmias em que o grande crítico de arte e musicólogo tocava seu incrível trombone virtual nas noites do Bar Zeppellin, em Ipanema. Em 1975 filmei *Arquitetura de Morar*, um passeio pelas mansões erguidas por José Zanine na Joatinga, luxuosamente musicado por Antonio Carlos Jobim.

Em 1982 foi a vez de *Brasília, Segundo Alberto Cavalcanti*. Este filme tem uma história muito especial. Eu havia descoberto, graças ao meu primo Lauro Augusto Cavalcanti, que eu era primo do Alberto e fui procurá-lo no hotel onde ele morava em Copacabana. Toda semana eu ia lá tomar gim-tônica com ele no fim de tarde. Ele já estava adoentado e tinha este roteiro sobre Brasília. Como não tinha mais condições físicas para realizar o filme pediu que eu o filmasse. Quando ele faleceu procurei o Instituto Nacional de Cinema e propus essa homenagem. Eles toparam produzir o filme e eu dirigi.

Antonio Carlos da Fontoura

Capítulo VII

A Guerra da Maconha

Entre Copacabana me Engana e A Rainha Diaba se passaram cinco anos, num demorado processo de destruição e reconstrução, morte e renascimento.

Em 1971 a maconha estava em alta nas rodinhas artísticas. Eu era fã de um programa de rádio, *Bandeira 2*, do Adelson Alves, voltado para os maconheiros da madrugada. Muitas vezes, rodando pela noite e ouvindo o programa, eu me surpreendia pensando no sangue que estava por trás daquele barato todo. Foi escutando o *Bandeira 2* que eu tive a idéia de fazer um filme sobre uma guerra pelo poder entre os traficantes da droga, com o título de *A Guerra da Maconha*.

Eu tinha a idéia do que eu queria abordar, mas eu não tinha uma história. Resolvi procurar o Plínio Marcos, de quem eu tinha visto dois trabalhos que tinham me impressionado por seu aspecto marginal, *Navalha na Carne* e *Dois Perdidos Numa Noite Suja*. Pedi pra Odete me apresentar e fui até São Paulo conversar com ele.

De cara ele contou que antes de ser dramaturgo, nos anos brabos de Santos, tinha convivido com muitos traficantes do porto e conhecido um tipo que podia render um bom personagem para a história que eu queria. Era uma boneca violenta que controlava uma parte do tráfico no cais, conhecida como *Rainha Diaba*. As pessoas acham que o filme é inspirado pelo *Madame Satã*, famoso travesti da Lapa do Rio de Janeiro, mas não é. A verdadeira *Rainha Diaba* era um traficante santista.

O Plínio me pediu um dinheirinho e um tempo para escrever. Quatro dias depois me trouxe um conto de vinte e poucas páginas. Eu li e vibrei: *É*

Milton Gonçalves em Rainha Diaba

isso!. Já estava de posse do argumento do filme. Finalmente a história inventada pelo Plínio me colocava cara a cara com um mundo paralelo e marginal, onde tudo era mais evidente e intenso e o lema era: *Bandeira pouca é bobagem*. Ou, como já dizia meu amigo Hélio Oiticica: *Seja marginal, seja herói*.

O Hélio colaborou muito na concepção visual do filme. Ele estava morando em Nova Iorque com uma Bolsa da Fundação Guggenheim e eu fui passar um tempo com ele, num *loft* na Segunda Avenida com a Rua 4, na ocasião um dos lugares mais barra-pesada de Nova Iorque, com *junkies* drogados, remanescentes *hippies* e travestis porto-riquenhos famosos por serem violentos e bizarros. Quando contei a ele o enredo do filme ele resolveu me proporcionar um *workshop* intensivo de travestismo. Íamos a tudo que era show. Vimos um grupo que se chamava *The Cockettes,* que se vestia de mulher e era bem performático. Eles e os porto-riquenhos, com sua estética despudorada, ajudaram a compor o visual das *diabetes*, o séquito da *Diaba*. Não à toa que eu defini o filme como um *thriller pop gay black*.

Chegando ao Brasil convidei o Ângelo de Aquino para fazer a direção de arte dentro dessa concepção *pop-kitsch*. Eu queria misturar a minha

Odete Lara e as diabetes em Rainha Diaba

guerra da maconha e a rainha diaba santista criada pelo Plínio com o caldo *pop* efervescente que eu tinha absorvido em Nova Iorque. O Ângelo mergulhou de corpo e alma no trabalho e sua contribuição foi realmente preciosa. Talvez a minha maior virtude como realizador do filme tenha sido esta: a cada momento eu soube me cercar das pessoas certas.

A produção começou em meados de 72. Eu procurei o Roberto Farias, que tinha adorado o *Copacabana* e queria produzir um filme meu. Na verdade ele queria que eu fizesse um segundo filme nos moldes do *Copacabana*, mas eu não queria me repetir. Então ele se interessou pelo projeto e juntos passamos a mobilizar recursos para a produção. Paulo Porto, com quem o Roberto se associara na produção de *Toda Nudez Será Castigada*, do Jabor, dispôs-se a trabalhar com a gente, além de Ricardo Souza, um jovem aficionado por cinema que meu amigo Chefinho me apresentou e que resolveu estrear como produtor.

A Rainha Diaba tem uma estrutura básica de policial com uma narrativa simples e direta, mas

Milton Gonçalves e Wilson Grey em Rainha Diaba

repleta de estranhezas. Formalmente me inspirei um pouco num longa do William Friedkin que ganhou o Oscar de melhor filme em 1971 – *Operação França* – que tinha uma fotografia dura e uma câmera ágil, que o tempo todo seguia os atores.

O fotógrafo – José Medeiros – foi sugestão do Roberto Farias. Pedi uma luz crua, realista, sem enfeites, mostrei o French Connection e o Zé disse que o fotógrafo só podia ter se inspirado na fotografia que ele havia feito para *A Falecida* do Leonzinho. O Zé era minimalista. Às vezes colocava só uma lâmpada num bocal e a luz estava pronta. Isso imprimiu à fotografia um caráter seco, salientando os contrastes da história.

O elenco era fantástico: Mílton Gonçalves, Nélson Xavier, Odete Lara, Stepan Nercessian, Wilson Grey, Paulão, Haroldo de Oliveira, Yara Côrtes, Perfeito Fortuna, Procópio Mariano, Lutero Luiz, Zezé Motta e Geraldo Sobreira, entre outros.

A escolha do Mílton para o papel-título não foi imediata. Inicialmente eu pensei no Agnaldo Timóteo. Dei o roteiro a ele, que não topou fazer porque ia pegar mal, alegou que tinha um nome a zelar e não queria decepcionar seu

Milton Gonçalves e Nelson Xavier em Rainha Diaba

público. Tentei, então, o Procópio Mariano, ator negro fantástico que eu tinha visto numa peça. O Procópio me disse: *Fontoura, eu sou preto e gordo, é assim que as pessoas me conhecem. Se eu faço esse filme vão começar a dizer: aquele ator preto, gordo e veado*. Acabou participando do filme em papel menor.

Foi quando eu conclui que tinha que pegar um ator do primeiro time. Eu resisti à idéia de chamar o Mílton por achar que um ator do nível dele não toparia um papel como a *Diaba*. Eu já conhecia o trabalho dele do Teatro de Arena e não tinha a menor dúvida de que ele era o maior ator negro do Brasil. Ele topou ler o roteiro e, antes de aceitar, disse que teria que pedir autorização à mulher e ao filho Maurício. No que a família liberou, ele topou fazer, se entregou ao personagem e atuou maravilhosamente. Ganhou todos os prêmios do ano.

O Wilson Grey estava escalado para fazer o Catitu, o faz-tudo da *Diaba* que atraiçoa o chefe, já tinha feito prova de roupa e tudo, mas nos ensaios eu não conseguia vê-lo dentro do personagem. O Catitu é um bandido cerebral – arma

Milton Gonçalves e Odete Lara em Rainha Diaba

todo o conflito, é o lago da trama – e o o Grey, embora fantástico a seu modo, interpretava um malandro.

Quatro dias antes de começarem as filmagens fui conversar com ele e ofereci outro papel na trama. Humildemente ele topou, foi superlegal, me disse que queria trabalhar, não importava o tamanho do papel. Chamei o Nélson Xavier, outra cria do Arena, que pegou o papel do Catitu da noite para o dia.

Com o Samuca, que eu tinha visto numa montagem da *Selva das Cidades*, dirigida pelo Zé Celso Martinez Correa e achava que era um ator muito especial, a história foi mais complicada. Ele tinha tido um problema psicótico e estava internado numa clínica. Mesmo assim resolvi colocá-lo no filme. As pessoas achavam que quem tinha ficado louco era eu. Pois bem, a clínica liberou o Samuca e ele fez o filme. Só para gravar a cena final em que era assassinado ele surtou, dizendo que não queria morrer. Eu tive que usar de muita persuasão para convencê-lo de que ele só iria morrer de mentirinha. Depois de tanto argumento ele topou e filmamos a cena. Ótimo. Três horas depois, o Emiliano, meu assistente, chega e diz: *Fontoura, vai lá que o Samuca continua morto.* Fui lá e não é que ele continuava deitado na mesma posição? Levei mais de uma hora para convencê-lo de que ele não tinha morrido.

Filmamos em maio e junho de 1973 – tempo relativamente curto depois do quase um ano de pré-produção – no Estácio e na Lapa. O *décor* principal era em Laranjeiras, num hotel abandonado na Rua Pereira da Silva defronte da produtora do Roberto Farias. Nas cenas violentas eu é que fazia questão de botar o sangue nos atores. As pessoas tinham que me conter porque meu desejo era cada vez botar mais sangue, eu queria ensangüentar o *set* todo.

Milton Gonçalves e Stepan Nercessian em Rainha Diaba

O filme me deixou muitas saudades. Foi divertidíssimo trabalhar com as *diabetes*, foi fantástico trabalhar com o Carlinhos Prieto, o Calmon foi um incrível diretor de produção, o Emiliano um assistente hipereficiente, foi emocionante trabalhar com atores como o Mílton, o Nelson, o Stepan, o Lutero Luís, a Iara Cortes e, é claro, com minha musa Odete Lara. Muitos amigos meus, como o Ricardinho, o Chefinho, o Marangoni, o Arnaldo, a Letícia de Souza e a Julinha, também se divertiram muito fazendo pequenas participações no filme. E, numa breve e inesquecível aparição, eu pude contar com a maravilhosa Zezé Motta.

Odete Lara em Rainha Diaba

Era para a *Rainha Diaba* ter ido para a competição oficial de Cannes em 1974. O Jean-Gabriel Albicoco viu o filme e adorou. O Roberto Farias enviou a cópia via Itamaraty, mas, por alguma razão misteriosa, a cópia ficou retida no Galeão. Cheguei a pensar em sabotagem pelo fato de o filme mostrar um Brasil nada oficial. Quando soubemos que a cópia não tinha sido enviada e não dava mais tempo de ser selecionada, o filme participou da Quinzena dos Realizadores.

Os europeus ficaram perplexos com o filme. Ao mesmo tempo que gostavam, ficavam horrorizados, o que impediu *A Rainha* de ter uma carreira comercial fora do Brasil. Em San Sebastian, quando foi apresentado no festival de cinema, o público batia vigorosamente os pés no chão durante toda a projeção. Alguém depois me explicou que o público, mexido com o filme, estava *pateando*. Francamente até hoje não sei se *patear* durante a exibição de um filme seria ou não um bom sinal. De qualquer forma me lembro que um crítico europeu, depois de ver o filme, me chamou de *O Fassbinder da América Latina*. Logo eu, que nunca tinha visto um filme do Fassbinder – e que até hoje, certamente por implicância, nunca vi.

No Brasil a reação também foi de choque. Estávamos em 1974. Aquela violência toda, aquele sangue, aquelas bonecas tresloucadas, tudo era novo e surpreendente. O filme teve uma pré-estréia bombástica – a qual eu não estava presente por estar em Cannes – onde foram todos os malucos e alternativos do Rio de Janeiro. Após a sessão, numa festa na casa do Carlos Scliar, com muitos artistas plásticos amigos do Ângelo de Aquino, o pintor Raimundo Colares surtou e se navalhou por inteiro. Por conta deste filme eu virei um tipo popular. Quando saía em Ipanema os malucos-belezas atravessavam a rua para falar comigo. O filme repetiu o sucesso de *Copacabana me Engana* e fez em torno de um milhão de espectadores. Eu já estava começando a ficar mal-acostumado.

Odete Lara em Rainha Diaba

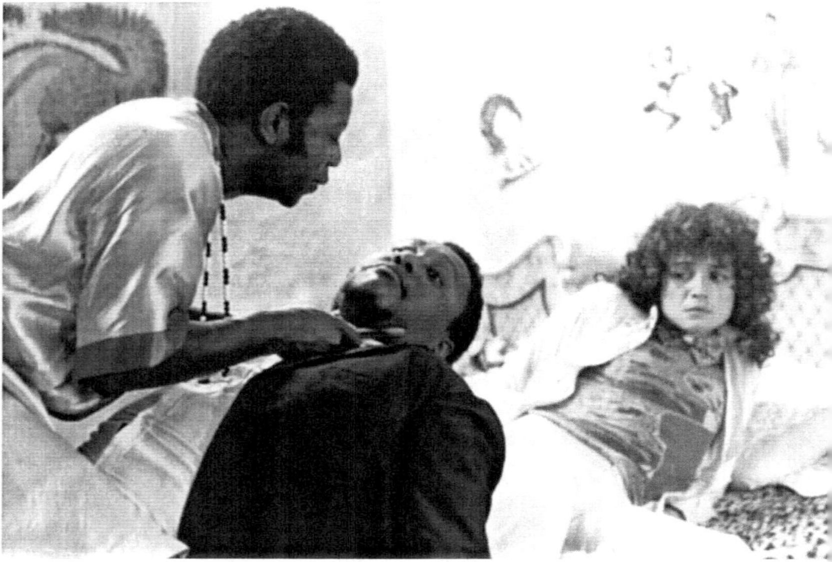

Milton, Carlos Prieto e Procópio Mariano em Rainha Diaba

Stepan Nercessian em Rainha Diaba

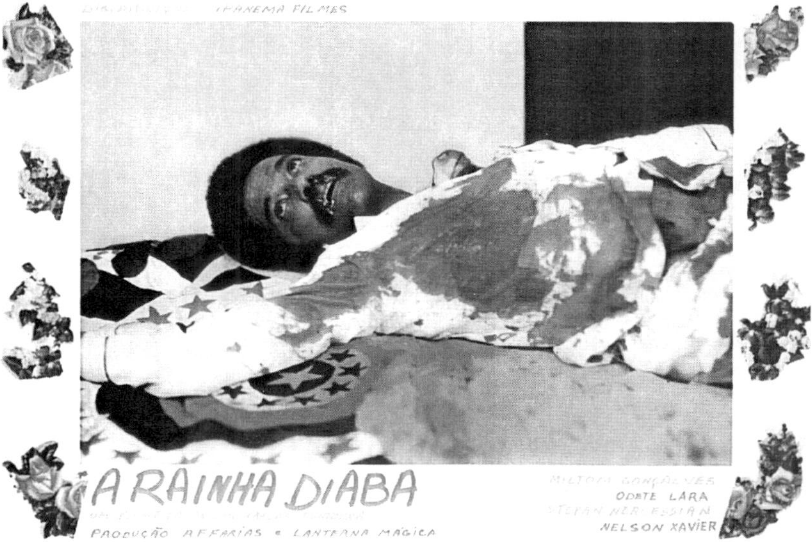

Lobby-cards de Rainha Diaba

Esta cena de "Rainha Diaba" pode ser tomada como símbolo de um tiro disparado contra o cinema brasileiro em Cannes.

Escreve
LUIZ ALÍPIO DE BARROS
Exclusividade UH

uh REVISTA
Rio, 9 de maio de 1974

Brasil proibido em Cannes

Mais uma vez o Brasil estará fora do Festival Internacional de Cinema de Cannes, que hoje se inaugura para se estender até o dia 23. É certo que alguns filmes de nossa mais recente produção estarão sendo apresentados no Mercado Paralelo ou talvez até mesmo na Quinzena dos Realizadores — manifestações à margem da Mostra propriamente dita. Mas da disputa dos prêmios, concorrendo à Palma de Ouro, o Brasil foi alijado. Aliás, será este o terceiro ano em que o nosso cinema estará ausente da parte competitiva de Cannes. A última vez em que concorremos foi em 1971, com **Pindorama,** de Arnaldo Jabor, e com **Como Era Gostoso o meu Francês,** de Nélson Pereira dos Santos quando em termos de prêmios, passamos em brancas nuvens.

Em 1972, o Instituto Nacional de Cinema, atendendo a sugestão de sua Comissão Especial de Seleção de Filmes para Festivais, remeteu para a apreciação dos organizadores da mostra de Cannes o filme **Ana Terra,** de Durval Gomes Garcia, que foi recusado. Nossa representação ficou apenas restrita ao curta-metragem **Fãrnese (Caixas, Objeto),** de Olívio Tavares de Araújo, mas em termos de curtos Cannes não tem tanto prestígio. Ano pasado, a comissão de pré-seleção do Festival da Côte D'Azur

Matéria de jornal sobre Rainha Diaba

R.F.FARIAS & LANTERNA MAGICA
apresentam
A RAINHA DIABA
PROD. ASSOCIADOS
VENTANIA FILMES
FILMES DE LIRIO

Odete Lara em Rainha Diaba

"Esse cordão de ouro vai
manter teu corpo fechado
enquanto tu tiver coragem de
olhar dentro dos olhos dos teus inimigos."
Cordão de Ouro
um filme de
Antonio Carlos Fontoura
com
Nestor Capoeira
Zézé Motta
Jofre Soares
Antonio Pitanga

Capítulo VIII

O Jogo da Libertação

Esse cordão de ouro vai manter teu corpo fechado enquanto tu tiver coragem de olhar diante dos olhos dos teus inimigos.

Por esta época eu estava começando a enjoar de fazer cinema. Estava casado com a Denise, meu filho Daniel tinha nascido e eu resolvi que queria mudar de vida. Montei com a Denise e umas amigas uma loja de lanches, Kioske, na Rua Maria Angélica, no Jardim Botânico, onde eu morava.

Comecei também a fazer capoeira com Nestor Capoeira, que largara a engenharia e resolveu fazer uma roda com os mais improváveis capoeiristas do Rio de Janeiro: eu e a minha turma. Era um curso-relâmpago onde ele tentava transmitir o espírito e a magia do jogo, mais do que ensinar propriamente a técnica, já que nós nunca iríamos mesmo chegar lá. Foi uma maneira, talvez inconsciente, que eu busquei de libertar meu corpo do domínio pesado que a mente por tanto tempo havia me imposto.

Enquanto a capoeira tomava conta de mim visões iam se formando na minha imaginação, até que veio à tona a aventura de um escravo (um corpo escravo?) que se liberta se valendo das forças primitivas do jogo, do ritual e da magia. Na verdade tudo começou num sonho que eu tive e quando acordei foi só colocar no papel. Minha idéia inicial era criar um herói brasileiro de história em quadrinhos em parceria com Orlando Mollica, um dos meus amigos aprendizes de capoeira, que também morava na Maria Angélica e era um excelente desenhista. Um dia, misteriosamente, os originais desapareceram da prancheta do Mollica e no que eu fui reescrever decidi transformar o sonho no longa-metragem *Cordão de Ouro*.

Nestor Capoeira, de O Cordão de Ouro

A Embrafilme havia finalmente concordado em bancar *A Cancageira Eletrônica,* mas, como concluí que o orçamento aprovado não me permitiria filmar em Brasília, abri mão do projeto e consegui trocá-lo pelo *Cordão de Ouro*, um filme de menor orçamento. O Mollica ficou responsável pelos figurinos e por parte da direção de arte do filme e, associando-me a Alter Filmes, produtora do Luís Fernando Goulart, logo comecei a filmar.

Para viver o herói convidei o próprio Nestor Capoeira, além de Zezé Motta, Jofre Soares, Antonio Pitanga e Mestre Camisa, o mais perfeito capoeirista da época, o Nijinski da capoeira. Entre outras participações especialíssimas contei com Mestre Leopoldina e seu berra-boi, um berimbau de afinação grave, além do grande percussionista Robertinho Silva, que criou para o filme uma maravilhosa trilha sonora. O elenco não era muito grande, mas foi preciso contratar muitos figurantes para as cenas em *Aruanda* e na *Cidade Verde* e o orçamento acabou ficando pequeno para tudo isso.

Além do mais chovia sem parar. A gente juntava os figurantes e quando íamos começar a filmar caía aquele toró. Desmarcava-se a filmagem e perdia-se dinheiro. Para complicar eu perdi a voz no dia em que fui filmar no alto da cachoeira a cena em que o Caboclo Cachoeira se materializa para Jorge, o escravo fugitivo. No dia seguinte fiz as contas e o dinheiro tinha acabado. Resultado: o filme parou.

O *Cordão* mexia com umbanda e candomblé, pois eu queria trabalhar com outras raízes negras além da capoeira. Meu contato com religiões afro-brasileiras até então tinha sido uma experiência superficial com a umbanda, quando morava em Ipanema e minha mãe levou uma mulher para me rezar. Quando o filme parou fiquei desesperado e decidi me consultar num terreiro de umbanda. O Chico Santos, roteirista do *Amuleto de Ogum*,

Caboclo Cachoeira, de O Cordão de Ouro

filme do Nelson Pereira dos Santos, fez vários trabalhos para limpar minha barra no astral e desencantar o *Cordão*. Por ele eu fiquei sabendo que, apesar da obra ser bem-intencionada, o filme havia parado porque eu não tinha pedido permissão aos santos para entrar num universo que não era o meu e tratar desses temas.

Dias depois, em visita a um pai-de-santo de candomblé, ele me disse que eu já estava limpo e que conseguiria acabar o filme, mas que não esperasse muito em termos de repercussão e sucesso comercial. Além disso, ele revelou que eu tinha furado uma curva do tempo, antecipado um projeto que era para ser realizado muitos anos mais tarde. Fiquei impressionado, mas não podia mais voltar atrás e fui em frente.

Quando o filme ficou pronto a Embrafilme decidiu lançá-lo em circuito de arte. Minha intenção era outra. Tinha feito um filme de ação, um *kung-fu tropicalista* e queria que o filme fosse lançado nos subúrbios e nos cinemas mais populares, mas não adiantou. Os *especialistas* da distribuidora foram irredutíveis, o filme foi lançado onde eles queriam e desprezado pelos espectadores do assim chamado *cinema de idéias*. Aliás, eu detesto o *cinema de idéias*. Para pensar não preciso ir ao cinema, prefiro ler os filósofos. Conclusão: o filme não foi bem nas bilheterias.

A Cidade Verde, de O Cordão de Ouro

Antes do lançamento promovi algumas sessões na cabine do extinto hotel Méridien e meus amigos vinham falar comigo perplexos. O Roberto Magalhães, com sua imensa sensibilidade, depois de ver o filme me disse: *seu filme não é deste mundo*. Não era mesmo...

O filme conta a aventura fantástica de um escravo em luta por sua liberdade. Em Eldorado, onde a tecnologia moderna co-existe com estruturas primitivas, o herói Jorge, escravo de uma mina de selênio, escapa de seus feitores se valendo da capoeira. Na fuga é perseguido pelo helicóptero dos capitães-do-mato e, para não ser capturado,

Luta, de O Cordão de Ouro

se atira numa cachoeira. É salvo da morte pelo caboclo Cachoeira, entidade espiritual que o conduz para o paraíso de Aruanda, onde é aguardado por Ogum, seu orixá protetor, que joga capoeira com ele e ensina-lhe os mistérios do jogo. Satisfeito com a valentia de Jorge, o orixá Ogum lhe dá um cordão de ouro protetor e uma missão: voltar para Eldorado e livrar seu povo do cativeiro. Em Eldorado Jorge se alia ao povo das matas para enfrentar os capitães-do-mato é derrotado num combate desigual. Comprado por Dandara, ex-escrava e atual amante de Pedro Cem, o chefe todo-poderoso da Companhia Progresso de Eldorado, Jorge vai viver na sede da companhia na Fazenda Maravilha, lidera uma rebelião de escravos e é condenado a ser enterrado vivo. Porém, enquanto cava a própria cova, recebe de Ogum o caminho para libertar o seu povo.

Eu vinha de um filme muito enclausurado, todo ambientado em espaços apertados, urbanos, que é a *Rainha Diaba*. No *Cordão* tem essa coisa aberta de mata, cachoeira, espaços livres e natureza. Filmei em matas virgens nas imediações do Rio de Janeiro, em Itacuruçá e em Muriqui, e também no Parque Laje e no Jardim Botânico. A parte de Aruanda foi filmada na Lagoa Negra, nas imediações de Saquarema, e para a fazenda de Pedro Cem eu pedi emprestado o sítio do Burle Marx em Vargem Grande. Tudo isso ajudou a imprimir em cada fotograma do filme uma visão panteísta, da natureza como o próprio deus.

Trabalhei com atores e não-atores. O Nestor Capoeira tinha uma sensibilidade muito grande, foi fácil dirigi-lo, até porque tudo no filme é muito simples, claro e evidente. Quase um exercício de neoprimitivismo. Trabalhei com o povo do maculelê, da umbanda, do candomblé, gente que sabia o que estava fazendo e todos se saíram muito bem, sem apelar para o intelecto, porque toda a construção do filme brotava da ação e do corpo.

Eu queria também prestar uma homenagem aos filmes do cinema novo, tipo *Ganga Zumba*, do Cacá Diegues. O Nélson Motta depois de ver o filme escreveu um artigo para o jornal *O Globo*, onde dizia que havia perguntado ao Glauber: *Será que ele está fazendo uma síntese do cinema novo?*

Cordão de Ouro talvez seja um dos filmes brasileiros mais pirateados. Parece que todos os capoeiristas e academias de capoeira têm uma cópia do filme. Recentemente levei meu neto Gabriel numa roda de jovens capoeiristas promovida pelo Itapuã Beira-Mar, filho do Nestor. Os jovens capoeiristas eram fãs do filme.

O fato de o *Cordão* não ter feito sucesso me fez concluir que a atividade de cineasta não deixava raiz, não gerava estrutura. Cada vez que eu faço um filme é como se fosse o primeiro. Resolvi então ir para a televisão, onde eu teria um patrão e salário fixo. Era mais uma etapa da minha vida que estava para começar, mais uma *reencarnação*.

Marquinhos Rebu e Fontoura

Capítulo IX

Do Telão para a Telinha

Não acho que fazer cinema me torne uma pessoa diferente dos outros. Fazer filme é igual a fazer sapato, ou pão, ou qualquer outra coisa. A vida é mais importante que o cinema.

Em 1977 havia na Globo um programa chamado *Caso Especial*, comandado pelo genial Ziembinski. Era um programa de cinqüenta minutos que contava, a cada semana, uma história adaptada da literatura ou de argumentos originais. Adaptei um belo conto da Clarice Lispector, *Feliz Aniversário*, sobre uma família de Copacabana reunida no aniversário da matriarca. Minha adaptação agradou ao Zimba, mas ele não quis que eu dirigisse e deu para o Paulo José dirigir. O programa foi um sucesso e isto abriu as portas para a minha contratação. Fui chamado pelo Domingos de Oliveira para trabalhar como roteirista do *Ciranda, Cirandinha*, uma série pioneira que contava a vida de quatro jovens que dividiam o mesmo apartamento, interpretados por Lucélia Santos, Fábio Jr., Jorge Fernando e Denise Bandeira.

O projeto me possibilitaria lidar com elementos da contracultura que me interessavam muito e estavam começando a ser tratados pelos jovens, como a alimentação natural, a ecologia, o amor-livre, a valorização do *ser* sobre o *ter* e tantos outros; portanto, aceitei com entusiasmo o convite. Éramos eu, o Domingos, a Lenita Plonczynski e o Euclydes Marinho, escrevendo a partir de um piloto que o Luís Carlos Maciel havia criado como *Caso Especial* de final de ano.

Fui contratado só para escrever, mas no segundo programa já estava pedindo ao Daniel Filho, diretor-geral da série, para também dirigir. Ele achava que por ser cineasta eu não ia me adaptar ao ritmo da televisão, mas como teste resolveu me oferecer uma co-direção. Foi a abertura que eu precisava. O Daniel viu que eu lidava bem com a equipe e cumpria os prazos. Assim me tornei, além de roteirista, diretor do programa.

O grande momento do *Ciranda, Cirandinha* foi *Toma que o Filho é Teu*, episódio que escrevi em parceria com o então estreante Euclydes Marinho e dirigi. Considero este episódio tão interessante quanto qualquer filme que eu fiz. Na ocasião, a minha filha Marina já havia nascido e, profundamente ligado aos meus dois filhos, que começavam a me dar verdadeiramente a sensação de pertencer a este planeta, me comovi muito com a história contada no programa, da jovem mãe, interpretada pela Louise Cardoso, que deixava o filho, ainda quase um bebê, para ser criado pelo pai despreparado, Fábio Jr.

Em nenhum outro programa de televisão que escrevi e dirigi vivi uma emoção igual. No final do episódio, depois que o Fábio, com a ajuda do Jorginho, da Lucélia e da Denise, aprende a amar e a cuidar do filho, a Louise retorna para pegar a criança de volta, deixando um vazio no apartamento. Na última cena, Fábio, depois que o filho já foi embora, mostra aos outros três a música *Pai*, da autoria dele, que fala com muita emoção da relação entre um pai e seu filho.

No estúdio, durante a gravação da cena, o elenco começou a chorar, sendo logo imitado pelos câmeras, pelos assistentes de direção e produção, pelos maquinistas e eletricistas, ou seja, chorou o *set* todo. Até eu, que sou duro na queda, chorei um pouquinho.

Quando foi exibido o programa virou assunto da cidade. O Boni mandou uma carta dizendo que estávamos inventando uma nova maneira de fazer televisão no Brasil: a verdade da história, a sinceridade, a força emocional, a linguagem simples e direta. Este episódio do *Ciranda, Cirandinha* foi o momento em que eu cheguei mais perto da televisão que eu gostaria de fazer.

No ano seguinte, 1979, começou o projeto das *Séries Brasileiras* a partir do êxito do *Ciranda*, que não continuou porque os atores participantes se envolveram com outros trabalhos. Foi preciso criar novos projetos e eu fui para a equipe de criação do *Plantão de Polícia*, uma série que tinha no elenco Hugo Carvana, no papel do repórter policial Waldomiro Pena, Denise Bandeira, Procópio Mariano e Lutero Luiz. A equipe de autores era formada por mim, Doc Comparato, Aguinaldo Silva e Leopoldo Serran. Eu fazia um trabalho duplo: escrevia e dirigia um programa por mês, uma experiência até hoje em dia pouco comum em televisão. Nesse meio-tempo ainda encontrei tempo para dirigir uma comédia do Vianinha para a série *Aplauso*, com o Flávio Migliaccio e a Elba Ramalho nos papéis principais – *O Morto do Encantado Morre, Saúda o Povo e Pede Passagem*.

No fim do ano, esgotado, me afastei do *Plantão de Polícia* e pedi ao Boni para trabalhar com os *Trapalhões*, pois queria descansar fazendo uma coisa diferente. Foi uma experiência divertida, mas por desconhecimento das rotinas circenses não consegui me adaptar ao estilo deles.

Fiquei pairando na Globo: trabalhei um tempo com o Dias Gomes no seriado *Bem Amado*, escrevi um roteiro e outro para o *Carga Pesada*, cheguei a escrever até um *Obrigado Doutor*. Terminei deixando a emissora, com o firme propósito de me aventurar de novo no cinema. Estava sedento para entrar novamente num *set* de filmagem.

O Daniel Filho ainda me convidou para ser pioneiro de uma experiência na televisão. A idéia era chamar diretores de cinema para filmar em locações reais, com uma única câmera, histórias que iriam ao ar na TV como se fossem longas-metragens. Adaptei e dirigi um especial baseado em duas crônicas da *Vida Como Ela É*, do Nélson Rodrigues: *A Noiva da Morte* e *A Missa de Sangue*, com o título geral de *Paixão, Segundo Nélson Rodrigues*.

Como o projeto não encontrou espaço na grade da emissora o programa foi ao ar como um especial de fim de ano. Dele ficaram para mim as lembranças das maravilhosas atuações da Hileana Menezes, do Carlos Gregório, do Luís Carlos Niño, da Camila Amado, do Cláudio Correa e Castro, do Mauro Mendonça, atores extraordinários que só a Globo consegue juntar.

Saí da Globo e fui para a Bandeirantes. O Walter Avancini tinha ido para lá e eu propus para ele uma adaptação do *Chapadão do Bugre*, do Mário Palmério, que há muito tempo eu sonhava em fazer no cinema. O Avancini topou e eu fiz a adaptação. Foi ao ar como uma minissérie e utilizei uma estrutura de roteiro que agora é uma constante nas séries americanas. O Avancini pediu que eu desenvolvesse para cada capítulo uma história com princípio, meio e fim, embora mantendo a continuidade da história geral. A idéia era que o espectador pudesse não assistir a todos os capítulos e mesmo assim se interessar por aquele capítulo a que estava assistindo.

Foi um verdadeiro quebra-cabeça fazer isso em 20 episódios, me deu bastante trabalho. Contei apenas com a colaboração do Sérgio Sbragia, que se encarregou da pesquisa e discutia comigo as escaletas. A série, protagonizada pelo Edson Celulari, foi gravada em Tiradentes e em algumas cidades do TriânguloMineiro. Fui acompanhar as gravações em Tiradentes, pois meu filho Daniel Fontoura se destacava como ator-mirim.

Escrevi também para a Globo, já como autor independente, *Uma Odisséia da Turma*, meu primeiro projeto infanto-juvenil. Fui convidado pelo Luiz Gleiser, que queria implantar um programa jovem, contando uma história completa por semana, mas acabou que não foram produzidos mais programas além do meu, que acabou indo ao ar como um programa especial.

O meu filho Daniel, que nesta ocasião era ator, mas que depois se tornou produtor de locação, foi o protagonista, vivendo uma espécie de Indiana Jones numa aventura de uma turma pré-adolescente de um condomínio da Barra, enfrentando os *Voadores Negros*, que representavam as forças do mal. O programa foi dirigido pelo Roberto Talma.

Depois desta experiência voltei à Globo para escrever *Tarcísio & Glória*, convidado pelo Calmon que já tinha criado para a emissora *Armação Ilimitada*. O Marcílio Moraes também estava na equipe de criação. Era um projeto independente do Tarcísio Meira, que entrava como ator e produtor. A Glória fazia o papel de uma extraterrestre que desce à Terra para se hospedar na mansão de um empresário vivido pelo Tarcísio, colocando a vida dele de pernas pro ar.

O programa não deu muito certo, provavelmente porque era uma produção híbrida, ao mesmo tempo um programa da Globo e uma produção independente da produtora do Tarcísio, modelo ainda não testado na época.

Na televisão o ritmo de trabalho é tão ágil que você não consegue ter o controle que um diretor de cinema tem sobre cada etapa do processo. Enquanto o cenógrafo está fazendo a cenografia, o músico está cuidando da música, a direção de arte da pesquisa e você tem que confiar que tudo vai dar certo. Fazendo TV aprendi a abrir mão da necessidade de controlar tudo. Antes, nos meus primeiros filmes, eu era muito controlador, mas na televisão aprendi a confiar em meus parceiros de criação.

Fora isso, o público da televisão é muito diversificado. Ao criar você tem que ter isso em mente. Você está escrevendo para milhões de pessoas e todas precisam entender o que você está querendo dizer. O roteirista de televisão não pode se colocar acima do espectador. Outra coisa que a televisão me ensinou foi a escrever com regularidade, independentemente de estar motivado ou não. Tudo isso me deu mais apuro técnico e mais foco narrativo. Trabalhar em televisão é como servir o Exército, talvez devesse ser obrigatório.

Capítulo X

Espelhos, Reflexos, Reflexões

Meu corpo está comigo mesmo

Por essa época eu conheci Vicente Pereira, um dos melhores amigos da Hileana Menezes, atriz que conheci num episódio do *Plantão de Polícia* e com quem fiquei casado por três anos. O Vicente escrevia esquetes maravilhosos. Começou escrevendo teatro besteirol em parceria com Mauro Rasi e depois passou a assinar sozinho algumas peças fantásticas.

O Vicente e a Hileana me convidaram para dirigir uma dupla teatral que eles haviam criado: *A Fome a Vontade de Comer*. Nós nos apresentávamos em locais alternativos, muitas vezes com o grupo de poesia performática *Nuvem Cigana*, composto por Chacal, Bernardo Vilhena, Ronaldo Santos e Charles Peixoto, uma galera ótima. *A Fome* existiu não mais do que por um semestre, mas foi uma experiência divertidíssima. Eu adorei, até agora minha única experiência como diretor teatral.

Depois de *A Fome* o Vicente me convidou para dirigir uma peça que havia acabado de escrever sobre os demônios do sexo – íncubos e súcubos.

Chamava-se *O Espelho de Carne*. Disse que só eu poderia dirigir a peça, porque eu sou Escorpião com Escorpião.

Nessa época, em parceria com os produtores Joaquim Carvalho e Carlos Moletta, eu tentava retomar o projeto *Hospital Brasil*, um roteiro que havia escrito com o Doc Comparato na época do *Plantão de Polícia*. Eu e o Doc, saindo de uma sessão do filme *Cerimônia de um Casamento*, do Robert Altman, uma comédia toda em um mesmo cenário – o casarão onde acontece a cerimônia – tivemos a idéia de fazer a mesma coisa, uma comédia com várias histórias paralelas sob um mesmo teto. O Doc, formado em Cardiologia, sugeriu que o cenário fosse um hospital. Assim escrevemos *Hospital Brasil*, uma comédia passada em um único dia no *Hospital Brasil de Almeida*, o mais moderno do País, que atendia às elites em suas instalações hipermodernas e o povão em seus inconfessáveis subterrâneos.

Não era a primeira vez que eu estava tentando realizar o filme. Em 80 eu já havia apresentado o projeto para a Embrafilme e a empresa, entusiasmada, decidiu patrociná-lo. Além de dirigir eu pretendia ser o produtor, mas o diretor da Embrafilme da época, Celso Amorim, teve a intenção de recuperar para o cinema brasileiro o irrecuperável Jece Valadão e condicionou a realização do filme à minha aceitação do Jece como produtor responsável, pois assim o filme poderia ser totalmente rodado no estúdio da Magnus Filmes.

Eu avisei ao Amorim que não daria certo, mas ele insistiu. Cedi e me dei mal. Começamos a montar a equipe e a projetar os cenários do hospital, mas quando a produção estava para decolar o Jece me avisa que as filmagens teriam de ser adiadas porque o filho dele, Alexandre Magno, iria filmar no estúdio *A Serpente*, adaptado da peça do Nélson Rodrigues. Como se isso não bastasse, para me deixar grilado, o Jece inventou de se candidatar a vereador e passou a percorrer as ruas de São Cristóvão com um bando de moçoilas de short.

Num piscar de olhos o dinheiro que a Embrafilme havia dado para a pré-produção desapareceu, com certeza canalizado para estas finalidades espúrias. Eu denunciei a situação, as contas do filme foram auditadas, como se previa não bateram e a segunda parcela do contrato não foi liberada. Ou seja, por conta das estripulias do Jece, que provou que não havia de forma alguma se regenerado, o filme foi abortado.

Marquinhos Rebu, grande amigo que havia feito *A Rainha Diaba* como ator, foi me visitar na Magnus Filmes e achou o ambiente muito carregado. Resolveu me apresentar a seu pai-de-santo, Pai Gilberto da Bombogira. Ele se tornou meu conselheiro, nos tornamos amigos e eu visitava com freqüência sua casa no subúrbio para jogar búzios. Alguns artistas que freqüentavam a casa, entre eles Norma Blum e Norma Bengell, se uniram a ele para montar uma nova casa-de-santo num sítio em Jacarepaguá.

Houve uma festa na cobertura da Norma Benguell para comemorar a inauguração da nova casa. Durante a festa a santa dele desceu e Pai Gilberto me suspendeu no ar. Com esse ritual eu fui escolhido como *Ogã Suspenso* da nova casa-de-santo. Depois ele me explicou que a santa havia me escolhido porque o meu santo jamais baixaria em mim e que todo terreiro precisava de um *Ogã* de sala, porque se todo mundo bola no santo, alguém tem que permanecer consciente, tomando conta.

Vivi ao lado de Pai Gilberto uma série de acontecimentos indescritíveis e verdadeiramente incomuns. Foi uma experiência muito rica e a única vez em que fui praticante de alguma religião. Para mim são simplesmente inesquecíveis as conversas mantidas, depois que os rituais terminavam e os filhos-de-santo iam embora, com Senza Mujila, a entidade que Pai Gilberto recebia e que conversava com alguns eleitos até o raiar do dia. Numa dessa conversas Senza me avisou que eu só iria ficar seis anos no terreiro. De fato foi o tempo que eu fiquei. Hoje em dia ainda acendo minhas velas, mas não sou mais praticante, porém minha amendoeira, há tantos anos plantada, continua crescendo naquele solo que acolheu tantos acontecimentos extraordinários. No candomblé aprendi muita coisa, porém a lição mais importante foi a da não-culpa e do não-pecado. O que está feito, está feito, sem culpas nem desculpas. O negócio é seguir em frente, com a mente desperta e o coração aberto.

A segunda tentativa de filmar *Hospital Brasil* também foi frustrada. O então presidente da Embrafilme, Roberto Parreira, aprovou o projeto, delegando a produção para Joaquim Carvalho e Carlos Moletta, mas demorou muito para liberar a primeira parcela do contrato, até um dia nos comunicar que o filme só seria feito se eu eliminasse o bem-dotado par de seios de um dos personagens do filme, um ministro de Brasília que se internava no *Hospital* para cuidados especiais.

A diretoria da Embrafilme temia que os seios do ministro pudessem ser encarados como uma provocação ao ministro Delfim Netto, o que traria problemas para a empresa estatal. Eu me comprometi a não escalar um ator gordo para o papel, disse que estava apenas fazendo uma brincadeira com *as tetas do poder*, mas insistiram que ia dar problema e declararam que só liberariam a verba se eu retirasse os tais seios do ministro.

Declarei que me recusava a fazer uma mastectomia no Ministro e o contrato acabou não sendo assinado. Mas para compensar me deram a grana para produzir e dirigir *Espelho de Carne*.

Adaptei a peça do Vicente, transportei a ação de Copacabana para a Barra – os emergentes começavam a surgir no imaginário coletivo embora ainda não tivessem cunhado a expressão – e chamei, além da Hileana, de quem eu já estava separado, um time de atores que eu tinha conhecido durante minha temporada como roteirista e diretor na Globo: Daniel Filho, Denis Carvalho, Maria Zilda e Joana Fomm. Além de atores, o Denis e o Daniel eram diretores da Globo, mas no *set* jamais tentaram co-dirigir, entregaram-se aos seus personagens e foram bastante cooperativos ao longo das filmagens. Foi muito bom trabalhar com eles.

A história é de um jovem executivo, Álvaro, que arremata em leilão um belo espelho *art déco* que pertencera ao antigo Palácio dos Prazeres, requintada casa de encontros amorosos que acaba de cerrar suas portas. Helena, sua esposa, encantada com o espelho que recebe de presente, planeja colocá-lo na sala de jantar do sofisticado apartamento para onde acabaram de se mudar na Barra, mas provisoriamente o espelho é guardado no quarto.

Na mesma noite em que o espelho chega, Álvaro e Helena recebem um casal de amigos – Jairo e Ana – e junta-se a eles uma vizinha recém-desquitada, Leila. O espelho, imantado sexualmente e habitado pelos demônios do sexo, passa

Denis Carvalho, Joana Fomm, Hileana Menezes, Daniel Filho e Maria Zilda em O Espelho da Carne

a alterar o estilo de vida destas pessoas, até que certa noite Helena se defronta com o que mais temia, a figura de um homem sinistro refletida no espelho. Será o Diabo?

Com o *Espelho* retomei a classe média que já havia abordado em Copacabana, mas em outra etapa, na fase do *boom* dos condomínios da Barra, dos *shoppings*, da vida intramuros, do novo consumo e dos novos objetivos de bem-estar. *Copacabana* foi um filme mais neo-realista, mais cru. No *Espelho* experimentei o realismo fantástico, mergulhando na fantasia exacerbada de um objeto mágico mexendo nos impulsos sexuais mais primitivos.

Os personagens de meus filmes procuram uma libertação, mas nem todos a encontram. No *Copacabana* não há libertação nenhuma. Os pais terminam dizendo a respeito dos filhos: *Eles são a continuação da gente*. *A Rainha Diaba* termina com uma carnificina, morre todo mundo, é um beco sem saída e sem vencedores. *O Cordão de Ouro* tem uma saída mística, o personagem vai para Aruanda ao encontro de seu pai espiritual. *No Espelho de Carne* a saída é atravessar o espelho e ir para o outro lado, mergulhar no desconhecido. Um texto de Rainer Maria Rilke, na primeira cartela de apresentação do filme, diz: *O coração tem duas casas / moram nele sem se ver / numa a dor, noutra o prazer / cuidado, prazer, cautela / canta e ri, mas devagar, não vá a dor acordar.*

Sempre tive um grande fascínio por espelhos, no que aliás não sou nada original, particularmente entre meus colegas cineastas. Desde a adolescência vivi em frente a espelhos momentos de intensa perplexidade. O que eu via refletido era alguma coisa ao mesmo tempo menos real e mais real que eu mesmo, alguma coisa que me fascinava e me assustava. Um jogo. Um enigma. Não foi à toa que para produzir o filme criei uma empresa chamada Enigma Produções Cinematográficas. *Decifro-me ou devoro-me*.

Daniel Filho e Maria Zilda em O Espelho da Carne

Houve quem achasse que o filme tinha qualquer coisa de *O Anjo Exterminador*, do Buñuel, naquela impossibilidade das pessoas saírem do apartamento, como se fossem peças de um tabuleiro de xadrez. Também houve quem enxergasse qualquer coisa do *Viridiana*, do mesmo Buñuel, naquela aceitação de torpeza da vida. E alguns analistas de plantão enxergaram um ponto de contato com o personagem de Terence Stamp no *Teorema*, de Pasolini, ao invadir aquela família como elemento catalisador da sexualidade. Também ouvi citações a Brian de Palma, autor de filmes muito irônicos e muito cruéis. Por que não falar de Polanski? Enfim, ilustres companhias, mas devo admitir,

modestamente, que nem por um momento os filmes destes senhores me passaram pela cabeça quando realizei *Espelho de Carne*.

Quando o *Espelho* ficou pronto eclodiu uma campanha contra a pornografia no cinema. Os mais desavisados aproveitaram para taxá-lo de pornochanchada, mas eu garanto que ele não tem nada com o gênero. Considero-o um filme de terror psicanalítico e místico. O Francisco Almeida Salles, o famoso *Presidente* da Cinemateca Brasileira de São Paulo, que nós, cineastas, adorávamos, chegou a dizer que era um filme religioso. No Festival de Gramado o filme ganhou quatro indicações na primeira votação do

Hileana Menezes e Joana Fomm em O Espelho da Carne

júri, mas uma jurada poderosa e muito famosa disse que se retiraria da bancada se algum prêmio fosse concedido para meu *Espelho de Carne*. Assim o meu filme voltou do Sul sem kikitos, apenas com um de chocolate. Que, por sinal, estava delicioso.

O lançamento foi em 1985 e o filme fez 700 mil espectadores. Chegou a participar da mostra competitiva do I FestRio de 1984, com curadoria do Ney Sroulevich. Tive mais um ano de paz financeira. Se uns ficavam horrorizados, outros se maravilhavam. Ganhei o prêmio Air France de direção, mas nessa fase já estava começando o declínio do

Maria Zilda e Hileana Menezes em O Espelho da Carne

cinema brasileiro e, em seguida, o Collor enterrou tudo de vez com a extinção da Embrafilme.

Foi mais ou menos nesta época que assisti um anúncio na televisão com a Roberta Close, na mesma ocasião que o Erasmo Carlos fez uma música com ela *(Dá um Close Nela)*. Este holofote em cima da Roberta Close me deu a idéia de um filme sobre um publicitário que busca uma cara para o lançamento de um novo perfume e acabava se apaixonando pela modelo escolhida, sem saber que ela na verdade é um rapaz.

Convidei a Roberta pra fazer o papel e ela aceitou no ato. A Roberta era uma mulher maravilhosa, uma encantadora *lady*. Para o publicitário que faria par romântico com ela cheguei a convidar o Fábio Jr. Ele achou a idéia extravagante. Imagina se eu tivesse conseguido juntar num filme a Roberta Close e Fábio Jr.? Teria feito dez milhões de espectadores!

Quem batizou a personagem da minha história foi a Regina Braga, com quem eu escrevia uma novela na época. Ela me disse: *Chama o rapaz/moça de Alma porque alma não tem sexo.* Ela também sugeriu que o pai da personagem criasse borboletas porque, entre os gregos, a borboleta é o símbolo da alma. Foram duas idéias preciosas que me ajudaram na criação do roteiro.

Infelizmente o projeto não foi pra frente. Eu lamento. Aliás, gostaria de ter realizado todos os filmes que não fiz. O Glauber me disse uma coisa interessante a respeito. Que não havia problema em não se fazer um filme porque cada filme que não se faz acrescenta-se algo ao próximo que será feito. Talvez ele estivesse certo e não fizesse tanta diferença assim. Mas ainda acho que estes filmes que não fiz escamotearam do público muitas peças do quebra-cabeça que monto na minha trajetória de cineasta.

Com Roberta Close

Por essa ocasião eu estava solteiro e procurei o Pai Gilberto para dizer que queria namorar, mas que estava cansado das meninas *mudernas* da zona sul. Ele disse: *Pode deixar que seu pai vai trazer uma garota da zona norte pra você.*

Dias depois estou passando de carro na porta do Parque Laje e resolvo entrar para conhecer a gafieira do Paulo Moura, que acontecia lá aos domingos. Dei umas voltas no salão, observando o movimento, quando passa por mim uma menina e me sorri. Era a Letícia. Pois muito bem: ela não só morava na Tijuca, como acabou me levando para lá. Estamos juntos há 23 anos. Temos um filho de 17 anos, o Leonardo. Minha vida é cheia desses acontecimentos mágicos. Quando busco uma solução, ela aparece. *Alguém lá em cima com certeza gosta de mim.*

Capítulo XI

Aventura Clonada

O cinema é uma ilusão da realidade, a realidade é uma ilusão do real.

Escrever para a televisão me deu um lastro muito bom. Ao mesmo tempo em que me dedicava à teledramaturgia passei a aprofundar meus conhecimentos no *script-writing* do cinema norte-americano. Fiz um *workshop* com Syd Field, descobri Joseph Campbell e seu estudo sobre a trajetória do herói, promovi o lançamento do livro do Christopher Vogler pela editora de um amigo, dei cursos de roteiro no Rio, Porto Alegre, Curitiba, Florianópolis, Cuiabá, São Paulo, Tiradentes, Belo Horizonte e me tornei professor de Estrutura do Roteiro na Escola de Cinema da Universidade Estácio de Sá.

Um dos elos mais frágeis do cinema brasileiro sempre foi o roteiro. Agora surgiu uma nova geração de roteiristas e me sinto um pouco responsável pela existência dela. Muita gente passou pelos meus *workshops.* Cheguei a manter um laboratório permanente de roteiro, uma vez por semana, com um grupo que se reunia para trocar idéias sobre dramaturgia e aperfeiçoar roteiros em andamento. Cada um trazia sua história e todos discutiam, uma mistura de oficina com análise de grupo.

Em 1990 recebi uma encomenda da Globo, como autor independente, para desenvolver um projeto para a Copa do Mundo de 90. A encomenda era para criar uma minissérie infanto-juvenil com o Pelé, para ser apresentada em capítulos depois do *Globo Esporte*.

De um dia para o outro bolei o argumento: empresário paraguaio se infiltra numa escolinha de futebol dada por Pelé para crianças e, com o auxílio de uma máquina sugadora de talentos desenvolvida por um cientista alemão na Segunda Guerra, tenta sugar o talento do Rei para aplicá-lo a peso de ouro numa seleção de futebol da África, que assim tenta conquistar a Copa do Mundo. Só que o Pelé tinha outros compromissos e o projeto não foi em frente.

Fui, então, trabalhar no núcleo do *Você Decide*, dirigido pelo fabuloso Paulo José. Cheguei a dirigir três programas, mas, basicamente, meu compromisso era o de escrever um programa por mês. Nos dois primeiros anos a experiência foi ótima. Eu gostava de criar as histórias, ainda mais porque os autores eram coordenados por um poeta com alma de diplomata: Geraldinho Carneiro. A estrutura do programa era muito interessante. Era como trabalhar num pólo de opinião pública.

Uma das minhas primeiras histórias ganhou bastante repercussão. Era sobre um publicitário desempregado que durante uma viagem Rio-São Paulo acaba levando para casa a maleta de um passageiro que morre de infarto em pleno vôo. Ao chegar em casa e conferir o conteúdo da maleta vem o choque: lá encontram-se cem mil dólares. A esposa o convence a ficar com o dinheiro, mas na manhã seguinte ele vê na televisão o apelo de uma senhora pedindo que a maleta seja devolvida, pois os cem mil dólares estavam destinados para ajudar uma ONG que cuida de meninos de rua. O público votava se o protagonista devolvia o dinheiro ou não.

A maioria votou para ele não devolver. Foi uma comoção nacional. Até o ministro da Economia da época, Marcílio Marques Moreira, foi à televisão condenar a má índole do povo brasileiro. O *Você Decide* foi vendido para mais de 30 países. Alguns episódios eram dublados e outros, adaptados. Em Londres a mesma história que eu criei foi exibida. Só que, em vez de meninos de rua, a ONG ajudava os mendigos. Lá também o público votou para que a maleta não fosse devolvida. Quer dizer, do outro lado do oceano o ser humano não é muito diferente.

Eu acredito que muitos que votaram para que o dinheiro não fosse devolvido certamente não fariam o mesmo caso o fato acontecesse de verdade com eles. Uma coisa é a fantasia, outra, a realidade. O público do *Você Decide*, ao votar, manifestava seu desejo, muitas vezes reprimido pela culpa no mundo real. O que me seduzia mais no programa era a possibilidade de explorar um tema em todas as suas possibilidades sem procurar influir no resultado. Era preciso buscar a imparcialidade, equilibrando na balança argumentos convincentes tanto de um lado quanto de outro do dilema moral proposto.

 Para outro *Você Decide* dirigido pela Tizuka Yamasaki, eu bolei um enredo louquíssimo. Era a história de uma mulher infeliz, dona-de-casa do subúrbio. O marido saía para trabalhar e deixava a mulher sozinha em casa assistindo televisão. De repente um extraterrestre sai da televisão e avisa que ela fora sorteada num *sweepstake* intergaláctico e ganhara uma estada de um ano no planeta Sírius, com todas as mordomias imagináveis. Só que se ela fosse, ao voltar teriam se passado uma centena de anos sobre a Terra, o marido dela não estaria mais vivo, nem seus familiares, nem ninguém. Não é que a maioria mandou a mulher pro espaço! Todo mundo quer escapar, não é?

Eu adorava fazer o programa, mas depois de oito anos a fórmula foi se esgotando. Eu já estava há muito tempo fazendo os outros tomarem decisões. Hoje em dia, graças ao *Você Decide* eu sofro pra decidir qualquer coisa. Prefiro que decidam por mim.

Depois de ter deixado novamente a Globo para dirigir dois filmes, *No Meio da Rua* e *Gatão de Meia-Idade*, estou nestes dois últimos anos de volta à televisão, agora na Rede Record, na função de roteirista colaborador em duas novelas: *Vidas Opostas*, do Marcílio Moraes, e *Amor e Intrigas*, da Gisele Joras.

É curioso porque meio que existe o consenso de que novela é uma arte interativa, onde o público é co-autor, mas não é bem assim. Claro que a opinião do público é levada em conta, mas nós, autores, estamos sempre muitos capítulos na frente. O capítulo que está indo ao ar já foi escrito faz tempo e não há como reescrevê-lo. A possibilidade do autor alterar substancialmente alguma trama é bastante relativa.

Na atual modalidade industrial de produção de textos de novelas, a seqüência dos acontecimentos é criada pelo autor principal e as cenas são repassadas aos colaboradores, que desenvolvem em forma de roteiro. Em resumo, como novela não tem muita ação, o *cabeça* bola o enredo e a equipe desenvolve as cenas seus diálogos. Em *Vidas Opostas* eu me ocupava principalmente do núcleo dos bandidos, pois havia pedido ao Marcílio para escrever os diálogos deles, aplicando minha experiência com o linguajar dos traficantes de *A Rainha Diaba* e *No Meio da Rua*. Eu curto muito as gírias, os jargões e a linguagem das ruas, sempre tive bom ouvido pra isso.

Em *Amor e Intrigas*, apesar de me encarregar também dos marginais, escrevo para alguns personagens mais sentimentais. Resumindo

minha pequena experiência como roteirista de novelas, cheguei à conclusão a partir das duas que escrevi, que os personagens do mal sempre são muito mais interessantes que os personagens do bem.

Como colaborador de novelas estou aprendendo a lidar também com a linguagem do melodrama. Às vezes tenho que encarar cenas melodramáticas. Num primeiro momento me dá aquele bloqueio, mas depois descubro um caminho pessoal de fazer a cena ficar boa. Tudo pode ser feito de uma maneira boa e de uma maneira ruim. Novela, via de regra, se apóia muito no melodrama. Não há como evitar.

Na novela eu estou aprendendo uma maneira diferente de contar uma história. As séries que eu estava habituado a escrever se parecem um pouco com o cinema. O roteirista tem uma hora para contar uma história. É uma obra fechada. Quando ela é produzida o texto já está pronto. A novela, não. A novela é escrita à medida em que é produzida.

Depois do *Você Decide* eu senti que estava mais do que na hora de voltar para o cinema e me lembrei do meu projeto abortado sobre o futebol, que eu havia desenvolvido para a tevê. Procurei o Barretão, Flamengo até a alma, e propus que a gente, em vez de fazer o filme com o Pelé, convidasse o Zico. Ele achou boa a idéia e o Zico topou.

Poucos dias antes de começar a filmagem vi no cinema o filme *Space Jam* e fiquei estarrecido: a minha idéia estava inteirinha lá. Por sincronicidade ou não, sei lá, estas coisas misteriosas da vida, minha idéia da máquina de roubar talentos, que eu havia desenvolvido para a Globo, estava sendo usada pela Warner, com um time de basquete no lugar de um de futebol e com o Michael Jordan como astro principal. Resultado: o Zico viu o filme num vôo Tóquio-Rio e vetou o roteiro, alegando que não queria seu nome associado a um projeto que poderia ser acusado de plágio. Expliquei que tudo não passava de uma grande coincidência, mas ele se manteve irredutível.

O jeito foi reescrever a história poucos dias do início das filmagens. Deu um branco absoluto. Eu tinha 15 dias para reescrever e não vinha idéia alguma. Até que a minha mulher, Letícia, sugeriu que, em vez da máquina de sugar talentos, a trama girasse em torno de clonagem. Foi o clique. Era a chave que eu precisava e comecei a bolar as novas situações a partir deste novo mote.

Zico

O roteiro ficou assim: um grupo de meninos com idade média de 12 anos é escolhido num concurso nacional para participar de uma oficina de futebol ministrada por Zico no CFZ, Centro de Futebol Zico, na Barra da Tijuca, Rio de Janeiro. Um menino gordinho, furioso por ser preterido na seleção, encomenda ao pai, um superpoderoso empresário que controla um ultramoderno centro de engenharia genética, a fabricação de um clone de Zico para dar aulas apenas para ele e seus amigos igualmente preteridos. A cientista responsável pela clonagem, passando-se por uma pesquisadora de medicina esportiva, acompanha as aulas da oficina no CFZ até conseguir atrair Zico para uma máquina que supostamente mede seus parâmetros físicos para a pesquisa, mas que serve para cloná-lo.

O clone de Zico é retirado sem alarde do CFZ e levado para a mansão do menino rico. Ao ser clonado o jogador se divide em dois: Zico e Zicópia, com características diferentes. Zico é o extremo do futebol-força, militarizado, que só busca os resultados, enquanto Zicópia é o extremo do futebol arte, boêmio e peladeiro. O confronto final do filme, entre os times treinados por Zico e Zicópia, é solucionado por uma menina que se finge de menino para participar da oficina no CFZ e que, desde o início desconfiada da clonagem, consegue matar a charada.

Carla Gomes e Iris Bustmente em Zico

Sinceramente desta vez a emenda saiu melhor que o soneto. O roteiro ficou bem mais engraçado do que a minha idéia original e o Zico se amarrou na possibilidade de viver dois personagens com características tão diferentes. Algumas pessoas diziam que eu estava correndo um grande risco, pois Zico não era ator e eu estava colocando-o para viver dois personagens muito diferentes. Eu não me grilei com os comentários porque me lembrei de uma historinha Zen que conta como um grande mestre-de-chá aceita o desafio de um samurai para um duelo e o vence, porque um grande mestre-de-chá sempre conseguirá vencer um espadachim medíocre.

Zico era o meu mestre-de-chá. Maravilhoso como era jogando futebol, eu acreditava que ele tiraria de letra o desafio de representar dois personagens. Pois bem, em minha opinião ele conseguiu. O homem é mesmo um craque!

O Barretão e eu imaginávamos que por conta do Zico e da torcida do Flamengo o filme emplacaria no mínimo um milhão de espectadores. Mas o tiro saiu pela culatra. O Brasil perdeu a Copa de 98, o Romário botou a culpa no Zico, o filme foi lançado em meio a vários *blockbusters* no fim do ano e o sucesso esperado não se cumpriu.

Zico e Felipe Barreto em Zico

Mas a minha satisfação pessoal foi enorme. Eu queria voltar ao cinema e consegui, fazendo um *family film* que meu filho Léo, então com oito anos, adorou. Deve ter visto umas cinquenta vezes. O filme me fez retomar o gosto por fazer cinema, trabalhar com as novas equipes, experimentar as novas técnicas de produção. Eu estava há 13 anos sem filmar! Além disso, eu gosto muito do filme, ainda que isso não seja nenhuma vantagem, pois sempre gosto muito de todos os filmes que faço.

Minha ligação com o futebol no cinema e com o Rei Pelé ainda continuaria. Em 2003 colaborei com Aníbal Massaini na edição do filme *Pelé Eterno*, documentário sobre a trajetória do Rei. Minha função era a de *consultor estrutural*, parecia até coisa de engenharia. A coisa funcionava assim: o Aníbal, um apaixonado por futebol como eu, tinha um material imenso em mãos e não conseguia cortar nada. Então eu me reunia periodicamente com ele para fazer sugestões. Foi uma luta conseguir tirar os gols a mais e as cenas que eu achava que estavam sobrando. Algumas eu consegui, outras não, mas o resultado foi ótimo e o filme vai ficar na história. Agradeço ao Aníbal por ter me dado essa oportunidade de conviver com um rei.

Tierry Figueira e Iris Bustamante em Zico

Zico e o time em Zico

Dançando, No Meio da Rua

Capítulo XII

Gatão no Meio da Rua

Favela é uma grua natural.

Eu tinha o roteiro de *No Meio da Rua* engavetado há quase 20 anos quando resolvi retomá-lo. A história nasceu de uma proeza do meu filho Daniel. Quando ele tinha 12 anos de idade eu já havia me separado da mãe dele. O Daniel morava quinze dias com ela e quinze dias comigo. Um dia um amigo me telefona perguntando: *O que o seu filho tá fazendo vendendo dropes no sinal?* Fui perguntar pro Dani e ele contou que estava um dia na janela da casa da mãe, na Gávea, perto da entrada do túnel Dois Irmãos, sem nada para fazer, viu a molecada no sinal vendendo bala e resolveu descer para ajudar. O resultado é que ficou amigo dos garotos. Dias antes, quando levava ele e a Marina de carro para o colégio, meus dois filhos tinham me perguntado por que aquelas crianças estavam vendendo bala no sinal e eu expliquei que estavam trabalhando, que era um trabalho duro, que faziam aquilo para ganhar algum dinheiro. Foi assim que de algum modo meus dois filhos passaram a se aproximar dos assim chamados *pivetes*. Eu acho que entre as crianças não existem essas barreiras que nós vamos colocando. Foi pensando desta maneira que, naquela época, escrevi o primeiro tratamento de um roteiro inspirado no que havia acontecido com o Daniel. Dezoito anos depois viraria um longa-metragem, *No Meio da Rua*, que realizei em 2003.

Eu sou assim. Dificilmente abandono um projeto. Às vezes os projetos não acontecem na hora em que eu gostaria, mas ficam lá, dormitando na gaveta, até que uma hora ganham vida. No caso, o que me motivou a retomar a história foi o surgimento dos meninos malabaristas nos sinais. Trocando a venda de dropes pelo malabarismo, além de obter um resultado visualmente mais interessante, me deparei com uma atitude menos subserviente, pois os meninos malabaristas dão um show, o que eles vendem é arte, não é bala.

Neste filme eu tive a sorte de contar com um maravilhoso elenco infantil. Os dois protagonistas – Guilherme Vieira e Cleslay Delfino – ganharam juntos o prêmio de ator no Festival de Recife, concorrendo com atores adultos. No mesmo festival, Maria Mariana, de 8 anos, a irmãzinha do protagonista, ganhou o prêmio de melhor atriz coadjuvante.

Vários atores adolescentes e pré-adolescentes vieram do *Nós do Morro*, famoso grupo artístico

Leonardo sobe o morro, em No Meio da Rua

do Vidigal, onde filmamos, mas também recrutei em outras comunidades: Cidade de Deus, Rocinha, Serrinha, Morro dos Prazeres. A integração com a comunidade foi muito gratificante. A produção contratou cozinheiras e auxiliares do morro para preparar a alimentação nas filmagens, alugamos barracos para as locações, empregamos assistentes e figuração do morro.

O filme contou também com a participação especial do malabarista chileno Diego Ahumada, que havia introduzido em 1998 a arte dos malabares nos sinais de trânsito para os meninos de rua cariocas.

Para viver os pais do menino rico que foge de casa e vai parar na favela para recuperar seu *game* roubado por dois aviões do tráfico convidei o Tarcísio Filho e a Flávia Alessandra. No elenco adulto também estão Leandro Hassum, Marcelo Escorel, João Antonio, Cristina Ferro e Lícia Magno, que fez uma participação afetiva depois de ter sido a mãe no *Copacabana me Engana*.

Resolvi eu mesmo produzir o filme. Comecei a reorganizar a Canto Claro, minha produtora e, com o apoio de minha mulher Letícia, que já havia se tornado minha produtora, iniciei a produção em junho de 2003. Como eu tinha pouco dinheiro em caixa fui fazendo o time por etapas, até que em janeiro de 2005 ficou pronto.

Quando *No Meio da Rua* foi exibido informalmente para alunos de colégios de classe alta

Leo e Kiko em No Meio da Rua

do Rio de Janeiro, as crianças comentaram que seria bom exibi-lo em outras escolas, porque até ver o filme eles olhavam para os meninos de rua como se fossem bichos. Ao contrário de produções recentes que mostram resultados bastante pessimistas da interação entre o morro e o asfalto, *No Meio da Rua*, uma fábula urbana, mostra a possibilidade de nos transformarmos e nos aproximarmos uns dos outros, rompendo as barreira que separam os pobres dos ricos na cidade dividida.

No festival de Recife um olheiro internacional viu o filme e o convidou para o Festival Internacional de Cinema Infantil em Madri. Seguindo a tendência dos festivais para audiências jovens na Europa, o júri foi composto por crianças. *No Meio da Rua* concorreu com filmes russos, alemães, iranianos e de muitos outros países, mas as crianças o elegeram o melhor filme.

Em seguida fui para o Schlingel Festival, em Cheminitz, na Alemanha. Neste o júri era formado por 18 crianças, duas de cada país da Comunidade Européia e novamente *No Meio da Rua* foi escolhido como o melhor concorrente. A partir destes resultados o filme tem sido convidado para outros festivais para *audiências jovens*, como um em Estocolmo, outro na França e mais um no Canadá.

Leonardo e Mana em No Meio da Rua

Mas nem assim eu acho que fiz um filme infantil. Aliás, detesto a palavra infantil. Para mim, as crianças são maduras e temos muito a aprender com elas. Eu pelo menos só tenho feito aprender com os meus filhos Daniel, Marina e Leonardo, bem como com os meus netos Sofia e Gabriel. Foi para eles – e para a criança que mora dentro de mim – que eu fiz o filme.

Foi também pensando na minha criança interior que eu dirigi um curta-metragem baseado numa peça da Maria Clara Machado. Há muito tempo eu tinha uma relação de amizade com a Maria Clara. Cheguei a pedir os direitos de *O Cavalinho Azul*, mas depois mudei de idéia e o Eduardo Escorel acabou filmando. Para fazer o

Leonardo e Kiko festejam, em No Meio da Rua

filme me associei com o Joaquim Carvalho, mas não deu certo (pelo menos para mim) e então pedi para Maria Clara me ceder os direitos de *O Rapto das Cebolinhas*, uma maravilhosa farsa policial infantil que eu conhecia de muito, pois levei todos os meus filhos (e depois os meus netos) para assistir.

Finalmente em 2006, com a Clara já falecida e com o apoio da Cacá Mourthé, sobrinha e continuadora do trabalho dela no *Tablado*, dirigi, com produção da Letícia, um curta de 15 minutos adaptado da peça. Para mim foi a realização de um grande sonho, fazer um filme inteiramente no meu sítio, na Estrada da Pedra Branca, no município fluminense de Bom Jardim, próximo a

Friburgo. Utilizei um elenco quase todo friburguense e a Letícia montou com os talentos locais uma fantástica equipe. Os recursos para o filme vieram do programa *Curta Criança*, parceria do MinC com a TVE, porém muitos comerciantes locais e a Companhia de Eletricidade de Nova Friburgo também nos ajudaram muito.

Eu estava finalizando *No Meio da Rua* quando o produtor Carlos Moletta, velho amigo e parceiro, me convidou para desenvolver um projeto para a produtora dele. Ele queria produzir uma comédia carioca e me deixou à vontade para escolher o tema. Como há muito tempo eu queria fazer uma comédia topei no ato. Perguntei o que ele tinha em mente e ele me disse: *Nada. Você é quem sabe. Contanto que seja uma comédia.*

Eu, que estou na terceira idade ou quem sabe na quarta, adorava ler no jornal as tiras do Miguel Paiva com as aventuras do *Gatão de Meia-Idade*. Além de me identificar com o *Gatão* eu enxergava nele um personagem pronto para o cinema, porque boa parte das tiras eram narrativas e em torno do *Gatão* gravitam personagens bastante interessantes. Ou seja, o *Gatão* já tinha um universo ricamente povoado, era só transferi-lo para o cinema. Propus ao Moletta, ele gostou da idéia, procuramos o Miguel e ele se juntou ao projeto.

Eu e o Miguel fizemos o primeiro tratamento do roteiro, mas depois Moletta achou melhor acrescentar uma mulher no time para umas pinceladas femininas na trama. Chamamos a Melanie Dimantas. Com o terceiro tratamento pronto, o Moletta ainda insistiu que acrescentássemos mais piadas ao roteiro e, por indicação do Herbert Richers Junior, convidamos um publicitário paulista, Tony Góes, para salpicar os diálogos de piadas, sem mexer nos acontecimentos. Ele se mostrou um craque, nas sessões que assisti às piadas que ele colocou sempre provocavam gargalhadas. A criação deste roteiro foi para mim uma fantástica experiência de trabalho em grupo, levando-me à conclusão que agregar valores nesta etapa de roteirização pode ser uma experiência muito positiva.

No almoço que eu, o Moletta e o Miguel marcamos para selar a parceria do filme, logo surgiu a pergunta: quem você vê sendo o *Gatão*? Nós três imediatamente dissemos: Alexandre Borges! Evidentemente ele ficou com o personagem, ou melhor, ele foi o próprio personagem, cercado por um verdadeiro escrete de atrizes: Júlia Lemmertz, Cristiana de Oliveira, Ângela Vieira, Bel Kutner, Taís Fersoza, Lavínia Vlasack, Alexia Deschamps, Paula Burlamaqui, Flávia Monteiro, Rita Guedes, Renata Nascimento, Ilka Soares...

Fontoura e o Gatão

Santo Deus, é muita mulher para um filme só! No time de homens escalei meus amigos André de Biase, Paulo Cesar Pereio e Ernesto Piccolo. Com essa gente toda a filmagem foi uma delícia. A grande dificuldade ficou para a hora das entrevistas de divulgação do filme, pois o elenco era tão grande que para evitar omissões eu tinha que levar uma cola com o nome das atrizes e atores do filme.

Filmamos em cinco semanas. Para mim foi um alívio filmar como diretor contratado, sem precisar me preocupar com os percalços da produção. Nem parecia que eu estava fazendo um filme. À noite eu assistia televisão, ia ao cinema, jantava fora. Neste sentido foi o filme mais tranqüilo para mim, o que menos me exigiu desgaste emocional.

Alexandre Borges e Angela Vieira em O Gatão de Meia-idade

Alexandre Borges e Julia Lemmertz em O Gatão de Meia-idade

Cristiana Oliveira em O Gatão de Meia-idade

Epílogo

Os Fontouras

É muito chato ser diretor o tempo inteiro. As pessoas ficam te perguntando: Qual é a cor da camisa do personagem?, Onde é que bota o refletor?, Eu olho pra esquerda ou pra direita?. *Você tem que ter resposta para tudo. E eu não sei nem metade. Então eu desenvolvi a técnica de responder rápido.* Qual é a cor da camisa? Amarela! *Se não for, fica sendo.*

Comecei a assinar Antonio Carlos da Fontoura em agosto de 1992, graças a um episódio ocorrido no Festival de Gramado. Uma senhora, Maitê Provenzano da Luz, presidente da Associação de Mulheres do Rio Grande do Sul, sentou-se na minha mesa e, depois de conversarmos um pouco, perguntou meu nome. Eu disse: *Antonio Carlos Fontoura.* Ela fez umas continhas e insistiu: *Você tem certeza?. Claro que eu tenho certeza do meu nome.* E ela: *É que alguma coisa não está batendo.* Eu então disse que na verdade meu nome de batismo era Antonio Carlos da Fontoura. Meu pai fez questão de me registrar com esse *da*, mas minha mãe achava pedante e, de tanto insistir, eu acabei eliminando. Quando comecei a fazer cinema assinava Antonio Carlos Fontoura e o *da* já havia caído no ostracismo.

Antonio Carlos da Fontoura

A Maitê, com base nessa nova informação, refez as contas e me disse: *Pois você jogou fora o maior presente que o seu pai te deu em toda a tua vida.* No dia seguinte voltei a usar o *da* Fontoura. Mandei fazer carteira de identidade, talão de cheque, cartão de visita, tudo novo. Ela me disse que eu iria demorar para implantar meu *novo* nome, mas que eu insistisse. Hoje em dia eu sou *da Fontoura*. Assumi definitivamente a minha nobreza e mais uma vez me senti renascendo.

Como a personagem vivida por Lícia Magno diz de seus filhos no diálogo que encerra *Copacaba-*

na me Engana, Eles são a continuação da gente, meus filhos Daniel, Marina e Leonardo são as minhas continuações. Para mim, que quando menino mal me imaginava pertencendo a este planeta, tê-los trazido para este mundo foi muito mais importante do que qualquer outra obra ou feito da minha movimentada carreira.

Meu filho mais velho, Daniel, escolheu o cinema, é um cotadíssimo produtor de locação e diretor de platô, tendo trabalhado em algumas das mais importantes produções do novo cinema brasileiro e em muitos filmes meus. Marina, o gênio da família, é uma economista com MBA em Harvard, trabalha como executiva na área de fusões e aquisições, mas também é minha consultora e um dia se juntará ao Daniel para, comigo e com Letícia, expandir a nossa produtora, Canto Claro. Leonardo, que tem 17 anos, estuda bateria e piano, os dois instrumentos que eu sempre sonhei em dominar. Antenado nos mais novos sons e imagens que circulam na rede, imagino-o um dia trazendo sua fantástica cultura e incrível mente analítica para também unir-se a nós.

A vida segue e eu me reinvento, sem dúvida uma boa estratégia para não envelhecer. Quem sabe ainda não dá tempo de eu abandonar o cinema para reencarnar como romancista e começar tudo de novo? Meu primeiro romance já está pronto e chama-se *Alma*, que escrevi ao reverso, adaptando para a literatura meu jamais filmado roteiro *Alma*. Mas querem saber de uma coisa? Publicar um livro ainda é mais difícil do que lançar um filme. Atenção, editores e livreiros!

Passeata dos 100 mil, 1968

Cronologia

Filmes (Direção)

1965

• *Heitor dos Prazeres* – curta-metragem
Produzido por Canto Claro
Produção e Roteiro: Antonio Carlos da Fontoura
Fotografia: Afonso Beato
Montagem: Ruy Guerra

• I Bienal de Arte Negra de Dakar e Festival do Cinema Brasileiro de Brasília

1966

• *Ver Ouvir* – curta-metragem
Produzido por Canto Claro
Produção e Roteiro: Antonio Carlos da Fontoura
Fotografia: David Zingg
Montagem: Mário Carneiro

• Bienal de Arte Jovem de Paris

• Prêmios: Melhor Curta-metragem, Festival de Brasília, Prêmio Instituto Nacional de Cinema.

1971

• Adquirido pela Cinemateca do Museu de Arte Moderna, Nova York

1968

• *Copacabana me Engana* – longa-metragem – 95 min
Produzido por Canto Claro
Roteiro: Antonio Carlos da Fontoura, Armando Costa e Leopoldo Serran
Produção: Antonio Carlos da Fontoura, Dalal Achcar, Baby Bocayuva
Fotografia: Afonso Beato
Câmera: Jorge Bodansky
Edição: Mário Carneiro
Música: Baby, de Caetano Veloso
Elenco: Carlo Mossy, Odete Lara, Cláudio Marzo, Lícia Magna, Ênio Santos, Paulo Gracindo, Joel Barcellos, Armando Costa, Yolanda Cardoso, Maria Gladys, José Medeiros, Emanoel Cavalcanti, Luis Marinho, Marcus Aníbal, Renato Landin e Edu Melo.

• Prêmios: Melhor Roteiro, Festival de Brasília 1969, Melhor Atriz, Odete Lara, Festival de Brasília 1969, Melhor Ator Coadjuvante, Joel Barcellos, Festival de Brasília 1969, Prêmio de Qualidade Instituto Nacional de Cinema, Prêmio Nacional de Melhor Roteiro, 1969, Prêmio Nacional de Melhor Atriz, Odete Lara, 1969, Prêmio Nacional de Melhor Coadjuvante, Joel Barcelos 1969, Prêmio Nacional de Melhor Fotografia, Afonso Beato 1969, Coruja de Ouro Melhor Roteiro, Prêmio Governador do Estado de São

Paulo 1969, Prêmio Air France de Cinema 1969 para Odete Lara
Exibido na Mostra *80 Anos de Cinéma Brésilien,* Centro Pompidou, Paris 1978 e na *Cinema Novo and Beyond,* Museu de Arte Moderna, Nova York 1998

1969
• *Ouro Preto e Scliar* – curta-metragem
Roteiro: Antonio Carlos da Fontoura
Produção: Filmes do Cerro
Fotografia: (VERIFICAR)
Música: João Bosco

1970
• *Gal* – curta-metragem
Produzido por Canto Claro
Roteiro: Antonio Carlos da Fontoura
Fotografia: Lauro Escorel
Montagem: Gilberto Santeiro

• *Mutantes* – curta-metragem
produzido por Canto Claro
Roteiro: Antonio Carlos da Fontoura
Fotografia e montagem: Renato Newman
Co-direção: Antonio Calmon

1970
• *O Último Homem* – curta-metragem
Produzido por Canto Claro

Roteiro: Antonio Carlos da Fontoura
Fotografia e montagem: Renato Newman
Co-direção: Antonio Calmon

1972

• *Wanda Pimentel* – curta-metragem
Produzido por Canto Claro
Roteiro: Antonio Carlos da Fontoura
Fotografia: Pedro Moraes
Montagem: Hugo Kusnet

• Melhor Curta-metragem. Festival Nacional JB/Shell

1973

• *A Rainha Diaba* – longa-metragem – 105 min
Argumento: Plínio Marcos
Roteiro: Antonio Carlos da Fontoura
Produção: R. F. Farias
Fotografia: José Medeiros
Edição: Rafael Justo Valverde
Direção de Arte: Ângelo de Aquino
Música: Guilherme Vaz
Maquilagem: Carlos Prieto
Elenco: Mílton Gonçalves, Odete Lara, Stepan Nercessian, Nélson Xavier, Yara Côrtes, Wilson Grey, Edgar Gurgel Aranha, Haroldo de Oliveira, Lutero Luiz, Geraldo Sobreira, Artur Maia, Fábio Camargo, Carlos Prieto, Procópio Mariano, Selma Caronezzi, Samuca, Marquinhos Rebu, Arnaldo Muniz Freyre

1974

• Prêmios: Melhor Roteiro, Festival de Brasília 1974, Melhor Ator, Mílton Gonçalves, Festival de Brasília 1974, Melhor Atriz, Odete Lara, Festival de Brasília 1974, Melhor Fotografia, José Medeiros, Festival de Brasília 1974, Melhor Cenografia, Ângelo de Aquino, Festival de Brasília 1974, Melhor Música, Guilherme Vaz, Festival de Brasília 1974, Prêmio de Qualidade do Instituto Nacional de Cinema, Prêmio Nacional de Melhor Ator, Milton Gonçalves 1974, Prêmio Nacional de Melhor Atriz, Odete Lara 1974, Prêmio Nacional de Melhor Fotografia, José Medeiros 1974

• *Quinzaine des Réalisateurs,* Festival de Cannes

1975

• Festival de Cinema de San Sebastian, Espanha

1978

• Mostra *80 Ans de Cinéma Brésilien,* Centro Pompidou, Paris

1999

• Mostra *Black Roots/Racines Noires,* Milão e Paris

1974

• *Chorinhos e Chorões* – curta-metragem
Roteiro: Antonio Carlos da Fontoura
Produção: DFE/INC

Fotografia: Miguel Rio Branco
Montagem: Luiz Carlos Saldanha

1975

• *Arquitetura de Morar* – curta-metragem
Produzido por Canto Claro
Roteiro: Antonio Carlos da Fontoura
Fotografia: Pedro Morais
Montagem: Rafael Valverde
Música: Antonio Carlos Jobim

1976

• *Cordão de Ouro* – longa-metragem – 77 min
Produzido por Canto Claro
Roteiro: Antonio Carlos da Fontoura
Produção Executiva: Luís Fernando Goulart
Fotografia: Edison Santos
Edição: Nello Melli
Maquilagem: Beto Leão
Figurinos: Mollica
Cenografia: Carlos Wilson e Beto Leão
Música: Robertinho Silva e Nivaldo Ornellas
Elenco: Nestor Capoeira, Zezé Motta, Antônio Pitanga, Jofre Soares, Antonio Carnera, Mestre Camisa, Quim Negro, Terreiro de Iansã Egun Nitá e Grupo Caboclas e Caboclos

1999

• Mostra *Black Roots/Racines Noires,* Milão e Paris

1982

• *Brasília Segundo Cavalcanti* – média-metragem
Roteiro: Alberto Cavalcanti
Fotografia/Montagem: Mário Carneiro
Produção executiva: César Cavalcanti
Produção: DFE/INC

1984

• *O Espelho de Carne* – longa-metragem – 90 min
Produzido por Canto Claro
Roteiro: Antonio Carlos da Fontoura
Adaptado de peça teatral de Vicente Pereira
Produção Executiva: José Joaquim Salles
Direção de Produção: César Cavalcanti
Música: David Tygel
Fotografia: Carlos Egberto Silveira
Edição: Denise Fontoura
Direção de Arte/Figurinos/Maquilagem: Carlos Prieto
Elenco: Hileana Menezes, Maria Zilda, Denis Carvalho, Daniel Filho, Joana Fomm Roberto Bataglin, Moacyr Deriquém, Iara Neiva, Ivo Fernandes, Luca de Castro, Almir Teles, Odenir Fraga e Chico Mascarenhas.

• Prêmio Especial do Júri Air France: 1985

1998

• *Uma Aventura do Zico* – longa-metragem – 93min

Roteiro: Antonio Carlos da Fontoura
Produção: Luiz Carlos Barreto e Lucy Barreto
Música: David Tygel
Fotografia: Jacques Cheuiche
Edição: Virgínia Flores
Direção de arte: Cláudio Amaral Peixoto
Figurino: Maria Diaz
Elenco: Zico, Felipe Barreto Adão, Jonas Bloch, Iris Bustamante, Laura Cardoso, Thierry Figueira, Rodolpho Fukamati, Carla Gomes, Jorge Coutinho, Beth Erthal, Paulo Gorgulho, César Filho, Eri Johnson, Dado Oliveira

• Festival Internacional de Xangai (2000)

2005

• *No Meio da Rua* – longa-metragem – 82min
Produzido por Canto Claro
Roteiro: Antonio Carlos da Fontoura
Produção: Letícia Fontoura
Fotografia: Alziro Barbosa
Edição: Sérgio Sbragia
Música: Pedro Cintra
Figurino: Karla Monteiro
Direção de arte: Alexandre Meyer
Elenco: Guilherme Vieira, Cleslay Delfino, Flávia Alessandra, Tarcísio Filho, João Antônio Jamaica, Leandro Hassoun, Maria Mariana Monnerat, Marcelo Escorel, Christina Ferro, Samuel Melo, Diego Ahumada, Bruno Gomes, Camila Montei-

ro, Bruna Pereira, Luellen Castro, Hygor Barbosa, Gustavo Pereira, Daniele Alves

• Prêmios: Melhor Ator, Guilherme Vieira e Cleslay Delfino, Festival de Recife 2005, Melhor Atriz Coadjuvante, Maria Monnerat, Festival de Recife 2005, Prêmio Gilberto Freyre, Festival de Recife 2005

2007

• Melhor Filme Infantil, FICI Madri, Espanha,

• Melhor Filme Infantil, 3º Cineport, João Pessoa

• Melhor Filme, 12º Festival Schlingel para Crianças e Público Jovem 2007, Chemnitz, Alemanha

2006

• *Gatão de Meia-Idade* – longa-metragem – 90 min
Roteiro: Antonio Carlos da Fontoura, Miguel Paiva, Melanie Dimantas, Tony Góes e Renata Boclin
Produção: Ipê Filmes - Carlos Molletta
Direção de produção: Emiliano Ribeiro
Fotografia: Alziro Barbosa
Direção de Arte: Oswaldo Lioi
Edição: Sergio Sbragia
Musica: Pedro Cintra
Tema de abertura: Zé Rodrix
Elenco: Alexandre Borges, Júlia Lemmertz, Re-

nata Nascimento, Cristiana de Oliveira, Antonio Grassi, André de Biase, Ângela Vieira, Thaís Fersoza, Márcio Kieling, Lavínia Vlasak, Rita Guedes, Flávia Monteiro, Bel Kutner, Alexia Deschamps, Paula Burlamaqui, Ilka Soares, Ernesto Piccolo, Paulo César Pereio, Eduardo Lago.

2006

• *O Rapto das Cebolinhas* – curta-metragem – 15 min
Produzido por Canto Claro
Roteiro: Antonio Carlos da Fontoura
Adaptado da peça de Maria Clara Machado
Produção: Letícia Fontoura
Figurino: Carlos Wilson
Fotografia: Andrea Capella
Música: Pedro Cintra
Som: Álvaro Correa
Elenco: André de Biase, Onaldo Machado, Aimée Campos, Gero Bandi, Luís Sérgio de Lima e Silva
Produzido com o apoio do projeto Curta Criança (MinC - TVE)

Televisão

1977

• *Feliz Aniversário* (Globo)
Roteiro
Adaptação de conto de Clarice Lispector

1978

• *Ciranda, Cirandinha* (Globo)
Elenco: Lucélia Santos, Fábio Jr., Denise Bandeira, Jorge Fernando
Jardim Suspenso - Momento de Decisão (roteiros)
Toma que o Filho é Teu (roteiro e direção)

1979/1981

• *Plantão de Polícia* (Globo)
Elenco: Hugo Carvana, Denise Bandeira, Júlio Braga, Marcos Paulo, Lutero Luiz, Procópio Mariano
Ligação Direta - Alta Sociedade - Sete Dias Para Morrer - Bezerra Vai à Guerra - roteiro e direção
Enigma Da Pensão do Reino - direção

1979

• *Carga Pesada* (Globo)
Elenco: Antonio Fagundes e Stênio Garcia
Feito Mancha Na Estrada - Os Saltimbancos (roteiro)

1979

• *O Morto Pede Passagem* (Globo)
Adaptação da peça teatral de Oduvaldo Vianna Filho

Elenco: Flávio Migliaccio, Ilva Niño, Elba Ramalho, Luís Mendonça
Roteiro e Direção

1982
• *Paixão Segundo Nelson Rodrigues* (Globo)
Adaptação de A Vida Como Ela É, de Nelson Rodrigues
Roteiro e direção

1983
• *O Sonho Olímpico* (Globo)
Roteiro (Teletema)

1986
• *Uma Odisséia da Turma* (Globo)
Roteiro (Casi Especial)

1987
• *Chapadão do Bugre* (Bandeirantes)
Adaptação do livro de Mário Palmério
Roteiro (minissérie)
Colaboração de Sergio Sbragia
Elenco: Edson Celulari, Eugenia Theresa de Andrade, Ítalo Rossi, Paulo Goulart, Kito Junqueira, Sebastião Vasconcellos, Paulo Villaça, Eduardo Abbas, Tony Tornado, Altair Lima, Tassia Camargo, Mika Lins, Sandra Annerberg, Castro Gonzaga, Rogério Márcico, Geraldo Del Rey, Alexandre Frota

1988

• *Tarcísio & Glória* (roteiro, Globo)

Elenco: Tarcísio Meira, Glória Menezes, Zilka Salaberry, Ricardo Blat.

Um Banho de Loja – , O Grande Golpe – De volta para as Estrelas (roteiro)

1989

• *Capitães da Areia* (Bandeirantes)

Adaptação do romance de Jorge Amado

Roteiro (minissérie) com José Louzeiro

Elenco: Leandro de Souza, André Gonçalves, Jean Carlos, Renato Coutinho, Isolda Cresta, Thelma Reston, Rodrigo Pereira da Silva, Alexandre David, Geraldo del Rey, Jackson de Souza, Paulo Hamilton, Miriam Pires, Thais Portinho, Tamara Taxman, entre outros

1991

• *Mergulho no Espelho* (Globo)

Roteiro (Teletema)

1992/2000

• *Você Decide* (Globo)

Máscara Negra - Dilema de Amor – Achados e Perdidos – Cigarra ou Formiga? – A Cor do Amor – F de Falso – Você Toda Nua – O Homem Errado – Escrito nas Estrelas – Laços de Afeto – Papai ou Mamãe? – A Missão – Em Família – Garoto de Ouro – Passarinhos e Gaviões – Um Mistério do Outro Mundo – A Copa do Mundo é Nossa – Pressão Total – Tudo pela Arte – Último Round – Mãe Solteira – O Meu Gur –, Pacto de Silêncio –, O Grande Homem – Bandido Coração – Ser ou Não Ser – Armadilha do Destino – O Sacrifício – A Mulher do Chefão – Veneno Ambiente – Remédio Duvidoso – O Flagrante – Não se Esqueça de Mim – Sonhos do Passado – Amor Eterno – Ouro de Tolo – A Volta por Cima – Mulher de Amigo – Janete das 5 às 7 – O Lobisomem – Choque Mortal – O Terceiro Homem – Um Anjo Chamado Berenice – O Morto-Vivo – A Bola da Vez (Roteiros)

• *O Desaparecido* – Amor Discreto – Faça a Coisa Certa – (Roteiro e Direção)

2001/2002

• *Brava Gente* (Globo)
A Coleira do Cão
Elenco: Murilo Benício, Lima Duarte, Stênio Garcia, Chico Diaz, Vicente Barcellos, Teresa Seiblitz
Roteiro

• *Francisco De Assis*
Peça de Ciro Barcellos
Elenco: Matheus Nachtergaele, Ciro Barcellos, Camila Caputi, Nildo Parente, Francisco Alves, Paulo Nolasco
Roteiro

• *A Hora Errada*
Adaptado de Luis Fernando Veríssimo
Elenco Marisa Orth, Felipe Camargo, Daniel Dantas
Roteiro

• *O Diário de um Mago*
Roteiro, minissérie não produzida

2003
• *Predadores e Dinossauros* (Globo)
Roteiro (Carga Pesada)

2006/2007
• *Vidas Opostas* (Rede Record)
Novela de Marcílio Moraes
Escrita por Marcílio Moraes, Antonio Carlos da Fontoura, Joaquim Assis, Paula Richard e Melissa Cabral

2007/2008
• *Amor e Intrigas* (Rede Record)
Novela de Gisele Joras
Escrita por Gisele Joras, Antonio Carlos da Fontoura, Luiz Carlos Maciel, Maria Luiza Ocampo, Melissa Cabral e Valéria Motta

Vídeo

1990

• *Vinícius de Moraes: Meu Tempo é Quando* (roteiro/direção)

1996

• *Um Amor de Verão* (roteiro/direção, TV-E)

1997

• *Casa de Rui Barbosa* (roteiro/direção, Ministério da Cultura)

2000

• *Parábola* (roteiro/direção)

Teatro (texto)

1962

• *Auto dos Noventa e Nove por Cento*

1966

• *A Saída, Onde Fica a Saída* (com Ferreira Gullar e Armando Costa)

Trechos de Críticas

Copacabana me Engana

O processo de Antonio Carlos Fontoura é o que marca nos últimos anos, o jovem cinema brasileiro: para contar uma história urbana brasileira não é necessário descer aos cafajestismos do meu bem, à caricatura popularesca do vai não vai, aos incêndios existenciais das amorosas vazias. Copacabana é um filme sem mistérios, objetivo, calmo, servido por um diálogo excepcional de dois cariocas seriíssimos, Armando Costa e Leopoldo Serran, por atores de uma vivacidade infinitamente superior aos coogans e samurais da praça (o nome, escrevam sete vezes, é Joel Barcelos), por uma grande mulher que há muitos anos, Odete Lara, esperava a vez de ser Odete Lara – uma atriz no presente do indicativo. Falar de Copacabana é tão difícil como morar em Copacabana: o filme tem o poder de atuar no seu instante preciso, sua matéria é feita de uma reunião de sinais que são recebidos e transformados no período de segundos, sua carga de vida se define como uma espécie de emissão que parece dizer *olha em volta, pensa um pouco, recorda, torna a pensar, volta e olha*.

Mauricio Gomes Leite
(Jornal do Brasil, 1968)

Logo no primeiro filme Fontoura mostra o diretor bom que é: *Copacabana Me Engana* flui sem problemas, entre o cômico e o patético, fazendo rir e incomodando o espectador com sua crueldade e chamando-o à reflexão. Um filme bem estruturado, um filme bem interpretado: Odete Lara, na melhor aparição de sua carreira, Carlos Mossy, o Marquinhos, boa revelação masculina e mais os sempre bem presentes Paulo Gracindo, Ênio Santos, Cláudio Marzo e Lícia Magno.

Alberto Shatovisky

Seja como for, eis outra obra de estréia que não parece obra de estréia. Fontoura capta a realidade de Copacabana com uma segurança de veterano: os tipos, os problemas, as motivações, as falas. Seu herói, Marquinhos, é aparentado com os heróis de *Todas as Mulheres do Mundo* e *Edu, Coração de Ouro*, mas, agora, ao invés do tom de permanente irreverência de Domingos de Oliveira, o tom vai do grotesco ao trágico, passando gozativamente pelo melodrama. Propositalmente, Fontoura dirigiu quase todas as cenas em que aparecem o pai e a mãe de Marquinhos como se estivesse dirigindo uma telenovela e o público reage à altura do melodrama. Mais uma vez, com a receptividade popular de *Copacabana Me Engana*, comprova-se a compatibilidade do filme (o chamado filme de autor) com o grande público. Para esse fim, Antônio Carlos Fontoura recusou as formulas esfingéticas do cinemanovismo, reuniu valores de produção (título excelente – atores realmente profissionais para papéis de maior responsabilidade – ao lado do tipo-personagem Carlo Mossy) e uma publicidade viva.

Ely Azeredo

A grande virtude de *Copacabana Me Engana* é ter sabido, desde o primeiro instante, caracterizar o sentimento de inutilidade, solidão e impotência, que é o verdadeiro impulso que o filme procura retratar. Eternamente desarmados para enfrentar o que eles mesmos criam para si, mesmo após a destruição total de todas as suas crenças, Irene, Hugo Leôncio, Isabel, Marquinhos e toda a turma voltam ao ponto zero. A infelicidade, a solidão e a impotência passam a ser condições do ser humano. E um desastre de avião é ampliado para um desastre da raça humana: só tem desgraça neste mundo, comenta Isabel. A irresponsabilidade da vida *playboy* de Marquinhos é aceita e até se recomenda cuidados especiais para que ela possa ser mantida: *com essa vida que você leva (é sua mãe quem lembra) você devia comer pelo menos um ovo.* Todos se conformam no final de *Copacabana Me Engana*,

Marquinhos volta para a turma e a família volta à ordem. Conversando no café da manhã os velhos sentem que o tempo deles passou e que eles sacrificaram toda as suas vidas para que os filhos tivessem o conforto de agora. Afinal *eles são a continuação da gente.*

José Carlos Avellar

A câmara de Fontoura, portanto, não fecha sua objetiva aos padrões de comportamento da geração coca-cola e sem rumo: diante dela, os personagens cumprem o ritual do *dolce far niente* adolescente, conversando fiado nas esquinas, embalados para o fim de noite, paquerando das janelas e das calçadas, promovendo curras para passar o tempo e ouvindo na hora da ressaca as morigeradas ruminações paternas. Mas Fontoura sabe dar aos clichês do cotidiano pequeno-burguês uma riqueza expressiva fora do comum, extraindo a dose necessária de behaviorismo para envolver o espectador na sua teia de observações insinuantes, tecidas em poucos planos, o suficiente, contudo para nos horrorizar com a corrupção dos valores pela classe média, o inferno de Copacabana e a desesperada busca ao *stablishment* executada por seus habitantes com uma obstinação religiosa.

Sérgio Augusto

A ausência de expectativa que cercava *Copacabana Me Engana* transformou-o em filme-surpresa. À margem do impacto – e da súbita e inesperada revelação provocada por Antonio Carlos Fontoura – outros elementos devem ser aplicados ao fator surpresa. A começar pela ausência das influências obrigatórias, e principalmente, por ter tido a coragem de desafiar as assombrações da Godardmania.

Valério Andrade

A Rainha Diaba

A confirmação de debochar da própria concepção cinematográfica do espectador viciado nos roteiros de Hollywood, negando-se ao espectador um bom final com justas vitórias de heróis forjados pela ficção, mas permitindo uma história com começo, meio e fim. Fazendo-se a caricatura da realidade, mas em nome da ficção desprezando a seqüência dos fatos, pouco importando quem vai tirar partido em mais um partido da guerra dos marginais que distribuem entorpecentes em todas as camadas sociais. Não se negando ao espectador o filme *colorido* e cheio de *ação e violência,* mas expondo figuras de retórica que procuram vingar a inevitável decadência do crime *não-científico* com métodos primitivos de tortura e as cores que nenhuma chanchada brasileira jamais ousou ou pode ter. E isso tudo aconteceu pelo cruzamento de dois talentos aparentemente incompatíveis: Plínio Marcos e sua propalada vivência no submundo santista, nas docas e bocas e Antonio Carlos da Fontoura, diretor que estreou chorando a sorte da decantada classe média carioca que teria chegado a Copacabana muito depois que tal bairro saiu da moda entre entendidos e sofisticação. A *Rainha Diaba* é a mais sofisticada vitamina que nos últimos anos se tentou injetar no moribundo cinema brasileiro de imitações.

Leon Cackoff

Diário de São Paulo, 12/9/74

Cordão de Ouro

Acredito que o público que irá ao cinema sofrerá um choque muito profundo com a forma que Fontoura escolheu para contar a sua história. Uma forma que tem seus códigos tão pouco conhecidos do público que tenho quase certeza (tomara que não) que será difícil *entrar* na história maravilhosa, simples e linear que é contada. Para o público mais *aberto*, também acho que os preconceitos *culturais* criarão uma barreira para o envolvimento com o filme e as diretas explosivas e reais alegorias que estão vivas e contundentes dentro da magia e linearidade da saga. No filme há muitos momentos assim, de jogo, em que imagens e espectador não se tocam. Mas para que haja o jogo bonito, inteiro, não basta que Fontoura saiba jogar a sua capoeira cinematográfica. É preciso que os que assistem, não apenas assistam, joguem. Mas como jogar, sem saber, um novo e fascinante jogo?

Nélson Motta
O Globo, 8/5/77

Espelho de Carne: Mutantes na Superfície de Cristal

Revelação de 1968 com o longa-metragem *Copacabana Me Engana*, Antonio Carlos Fontoura nunca se integrou (como autor) às regras políticas e, menos ainda, à vertente salvacionista do Cinema Novo. Os elementos de crítica social em seus trabalhos são implícitos, integram a totalidade de sua visão, que não exaure deuses ou diabos nas fronteiras de classe. A passagem pela televisão (nas equipes criadoras das séries *Ciranda, Cirandinha* e *Plantão de Polícia*) desembaraçou em definitivo o diretor-roteirista como narrador de nossa múltipla personalidade cultural.

Espelho de Carne partiu de uma peça teatral de Vicente Pereira. O roteiro cinematográfico mantém a ação (quase ininterruptamente) nas dependências de um condomínio da Barra, sem que nenhum momento traia a origem teatral. Isto é vitória técnica, mas também da arte de construir um clima inquietante, erótico, fetichista (de fetiches carnais e sociais) e ligeiramente claustrofóbico. A direção apura esse clima principalmente a partir do trabalho com os atores. Fontoura cria um dinâmico filme de personagens, no qual a plena cumplicidade, a eletricidade criativa de cada ator é imprescindível. Além do tato profissional de Daniel Filho e Denis Carvalho, o filme conjuga a relação (no cinema) de Hileana Menezes, a maturidade impecável de Joana Fomm e as nuanças sensuais que matizam a inteligência da performance de Maria Zilda.

Fontoura passa, com *Espelho de Carne*, ao retrato de pequenos burgueses que fizeram seus minimilagres, mudando mais no aparato habitacional, sem consubstanciar um grande salto na escala social. No isolamento de um condomínio na Barra tornam-se mais evidentes os vácuos de afetividade e de uma relação produtiva com a vida. O fantasma da solidão acossa mais as mulheres: Helena (Hileana Menezes), adorno doméstico do marido, um executivo (Denis Carvalho), Leila (Maria Zilda), a vizinha divorciada e Ana (Fomm), temerosa da velhice não distante e para quem o marido (Daniel Filho) é apenas uma longínqua máscara dos prazeres sonhados.

O espelho artdéco, arrematado em leilão (antiga peça do Palácio dos Prazeres) pelo marido de Helena, deflagrará o despertar dos desejos inconscientes ou inconfessos dos protagonistas. Decantando a sua maneira uma antiga tradição do cinema, Fontoura vê na peça de cristal um elemento demoníaco. Felizmente, sem recorrer a tecnicismos de efeitos especiais, o cineasta projeta nos personagens todas as mutações. Sob influência do espelho são suspensas as regras de comportamento e os personagens correm o risco de liberar todas as suas fantasias. Uma situação que permite um casamento equilibrado entre o humor e a mais corrosiva liberação do sexo.

Ely Azeredo

O Globo, 13/8/85

Perfil

Nome
Antonio Carlos da Fontoura

Nascimento
20 de novembro de 1939

Quais os seus melhores filmes
Ver Ouvir e A Rainha Diaba

Se a vida fosse filme, qual seria o seu *casting*
Eu, Letícia, meus filhos Daniel, Marina e Leonardo, meus netos Gabriel e Sofia como protagonistas, parentes e amigos no luxuoso elenco de apoio.

Livros de cabeceira
Leio muito. Toda semana troco o livro de cabeceira.

Filmes de prateleira
Todos que vi-ouvi numa história sem fim.

Guru
A minha voz interior. E a voz da Letícia.

Admirações
Hélio Oiticica, Bob Dylan, Beatles, Roberto Magalhães, Caetano, Godard, Pasolini, Glauber, Joaquim Pedro, Davi Neves, Marisa Monte, Bee-

thoven, Patricia Highsmith, Haruki Murakami, João Cabral, Cartola, Uma Thurman, Gaudi, Miles Davis, Thelonius Monk, Gal, Renato Russo, Inês Besouchet, Odete Lara – essa lista nunca acaba.

Trilha sonora perfeita
Jazz, bossa nova, pop, samba e rock'n roll, não necessariamente nessa ordem. Além de Beethoven, é claro.

Cor ou p&b
Muita cor.

O ano que não devia ter terminado

Todos terminaram para que os próximos pudessem começar.

Se pudesse rematerializar algum cinema do passado, qual seria
O Metro Copacabana. É meu cinema inesquecível. O melhor ar-condicionado do planeta!

Utopia
Um planeta mais tolerante e menos violento.

Quem escolheria para pintar teu retrato
Roberto Magalhães.

Uma palavra
Amor.

Um verso
Vão demolir esta casa mas meu quarto vai ficar / Não como forma imperfeita/ Nesse mundo de aparências / Vai ficar na eternidade/ Com seus livros, com seus quadros / Intacto, suspenso no ar
(Manuel Bandeira)

Um santo de proteção
Meu Pai Xangô

Uma cor
Azul.

Uma verdade
A minha verdade é a de quem está aqui no planeta há bastante tempo, vivendo, amando, fazendo arte, sentindo, pensando, convivendo, procurando compreender e refletir a realidade que me cerca. É uma verdade de quem quer estar na vida não só como espectador, mas também como protagonista, como alguém que quer deixar algumas boas lembranças quando se for.

FIM

Índice

Crédito das Fotografias

Todas as fotografias pertencem ao acervo de Antonio Carlos Fontoura

A presente obra conta com diversas fotos, contudo, a despeito dos enormes esforços de pesquisa empreendidos, as fotografias ora disponibilizadas não são de autoria conhecida de seus organizadores, fazendo parte do acervo pessoal do biografado. Qualquer informação neste sentido será bem-vinda, por meio de contato com a editora desta obra (livros@imprensaoficial.com.br/ Grande São Paulo SAC 11 5013 5108 I 5109 / Demais localidades 0800 0123 401), para que a autoria das fotografias porventura identificadas seja devidamente creditada.

Coleção Aplauso

Série Cinema Brasil

Alain Fresnot – Um Cineasta sem Alma
Alain Fresnot

O Ano em Que Meus Pais Saíram de Férias
Roteiro de Cláudio Galperin, Bráulio Mantovani, Anna Muylaert e Cao Hamburger

Anselmo Duarte – O Homem da Palma de Ouro
Luiz Carlos Merten

Ary Fernandes – Sua Fascinante História
Antônio Leão da Silva Neto

Batismo de Sangue
Roteiro de Helvécio Ratton e Dani Patarra

Bens Confiscados
Roteiro comentado pelos seus autores Daniel Chaia e Carlos Reichenbach

Braz Chediak – Fragmentos de uma vida
Sérgio Rodrigo Reis

Cabra-Cega
Roteiro de Di Moretti, comentado por Toni Venturi e Ricardo Kauffman

O Caçador de Diamantes
Roteiro de Vittorio Capellaro, comentado por Máximo Barro

Carlos Coimbra – Um Homem Raro
Luiz Carlos Merten

Carlos Reichenbach – O Cinema Como Razão de Viver
Marcelo Lyra

A Cartomante
Roteiro comentado por seu autor Wagner de Assis

Casa de Meninas
Romance original e roteiro de Inácio Araújo

O Caso dos Irmãos Naves
Roteiro de Jean-Claude Bernardet e Luis Sérgio Person

O Céu de Suely
Roteiro de Mauricio Zacharias, Karim Aïnouz e Felipe Bragança

Chega de Saudade
Roteiro de Luiz Bolognesi

Cidade dos Homens
Roteiro de Paulo Morelli e Elena Soárez

Como Fazer um Filme de Amor
Roteiro escrito e comentado por Luiz Moura e José Roberto Torero

Críticas de Edmar Pereira – Razão e Sensibilidade
Org. Luiz Carlos Merten

Críticas de Jairo Ferreira – Críticas de Invenção: Os Anos do São Paulo Shimbun
Org. Alessandro Gamo

Críticas de Luiz Geraldo de Miranda Leão – Analisando Cinema: Críticas de LG
Org. Aurora Miranda Leão

Críticas de Rubem Biáfora – A Coragem de Ser
Org. Carlos M. Motta e José Júlio Spiewak

De Passagem
Roteiro de Cláudio Yosida e Direção de Ricardo Elias

Desmundo
Roteiro de Alain Fresnot, Anna Muylaert e Sabina Anzuategui

Djalma Limongi Batista – Livre Pensador
Marcel Nadale

Dogma Feijoada: O Cinema Negro Brasileiro
Jeferson De

Dois Córregos
Roteiro de Carlos Reichenbach

A Dona da História
Roteiro de João Falcão, João Emanuel Carneiro e Daniel Filho

Os 12 Trabalhos
Roteiro de Claudio Yosida e Ricardo Elias

Estômago
Roteiro de Lusa Silvestre, Marcos Jorge e Cláudia da Natividade

Fernando Meirelles – Biografia Prematura
Maria do Rosário Caetano

Fim da Linha
Roteiro de Gustavo Steinberg e Guilherme Werneck; Storyboard de Fabio Moon e Gabriel Bá

Fome de Bola – Cinema e Futebol no Brasil
Luiz Zanin Oricchio

Guilherme de Almeida Prado – Um Cineasta Cinéfilo
Luiz Zanin Oricchio

Helvécio Ratton – O Cinema Além das Montanhas
Pablo Villaça

O Homem que Virou Suco
Roteiro de João Batista de Andrade, organização de Ariane Abdallah e Newton Cannito

João Batista de Andrade – Alguma Solidão e Muitas Histórias
Maria do Rosário Caetano

Jorge Bodanzky – O Homem com a Câmera
Carlos Alberto Mattos

José Carlos Burle – Drama na Chanchada
Máximo Barro

Liberdade de Imprensa – O Cinema de Intervenção
Renata Fortes e João Batista de Andrade

Luiz Carlos Lacerda – Prazer & Cinema
Alfredo Sternheim

Maurice Capovilla – A Imagem Crítica
Carlos Alberto Mattos

Não por Acaso
Roteiro de Philippe Barcinski, Fabiana Werneck Barcinski e Eugênio Puppo

Narradores de Javé
Roteiro de Eliane Caffé e Luís Alberto de Abreu

Onde Andará Dulce Veiga
Roteiro de Guilherme de Almeida Prado

Pedro Jorge de Castro – O Calor da Tela
Rogério Menezes

Quanto Vale ou É por Quilo
Roteiro de Eduardo Benaim, Newton Cannito e Sergio Bianchi

Ricardo Pinto e Silva – Rir ou Chorar
Rodrigo Capella

Rodolfo Nanni – Um Realizador Persistente
Neusa Barbosa

O Signo da Cidade
Roteiro de Bruna Lombardi

Ugo Giorgetti – O Sonho Intacto
Rosane Pavam

Viva-Voz
Roteiro de Márcio Alemão

Zuzu Angel
Roteiro de Marcos Bernstein e Sergio Rezende

Série Crônicas

Crônicas de Maria Lúcia Dahl – O Quebra-cabeças
Maria Lúcia Dahl

Série Cinema

Bastidores – Um Outro Lado do Cinema
Elaine Guerini

Série Ciência & Tecnologia

Cinema Digital – Um Novo Começo?
Luiz Gonzaga Assis de Luca

Série Dança

Rodrigo Pederneiras e o Grupo Corpo – Dança Universal
Sérgio Rodrigo Reis

Série Teatro Brasil

Alcides Nogueira – Alma de Cetim
Tuna Dwek

Antenor Pimenta – Circo e Poesia
Danielle Pimenta

Cia de Teatro Os Satyros – Um Palco Visceral
Alberto Guzik

Críticas de Clóvis Garcia – A Crítica Como Ofício
Org. Carmelinda Guimarães

Críticas de Maria Lucia Candeias – Duas Tábuas e Uma Paixão
Org. José Simões de Almeida Júnior

João Bethencourt – O Locatário da Comédia
Rodrigo Murat

Leilah Assumpção – A Consciência da Mulher
Eliana Pace

Luís Alberto de Abreu – Até a Última Sílaba
Adélia Nicolete

Maurice Vaneau – Artista Múltiplo
Leila Corrêa

Renata Palottini – Cumprimenta e Pede Passagem
Rita Ribeiro Guimarães

Teatro Brasileiro de Comédia – Eu Vivi o TBC
Nydia Licia

O Teatro de Alcides Nogueira – Trilogia: Ópera Joyce – Gertrude Stein, Alice Toklas & Pablo Picasso – Pólvora e Poesia
Alcides Nogueira

O Teatro de Ivam Cabral – Quatro textos para um teatro veloz: Faz de Conta que tem Sol lá Fora – Os Cantos de Maldoror – De Profundis – A Herança do Teatro
Ivam Cabral

O Teatro de Noemi Marinho: Fulaninha e Dona Coisa, Homeless, Cor de Chá, Plantonista Vilma
Noemi Marinho

Teatro de Revista em São Paulo – De Pernas para o Ar
Neyde Veneziano

O Teatro de Samir Yazbek: A Entrevista – O Fingidor – A Terra Prometida
Samir Yazbek

Teresa Aguiar e o Grupo Rotunda – Quatro Décadas em Cena
Ariane Porto

Série Perfil

Aracy Balabanian – Nunca Fui Anjo
Tania Carvalho

Ary Fontoura – Entre Rios e Janeiros
Rogério Menezes

Bete Mendes – O Cão e a Rosa
Rogério Menezes

Betty Faria – Rebelde por Natureza
Tania Carvalho

Carla Camurati – Luz Natural
Carlos Alberto Mattos

Cleyde Yaconis – Dama Discreta
Vilmar Ledesma

David Cardoso – Persistência e Paixão
Alfredo Sternheim

Denise Del Vecchio – Memórias da Lua
Tuna Dwek

Emiliano Queiroz – Na Sobremesa da Vida
Maria Leticia

Etty Fraser – Virada Pra Lua
Vilmar Ledesma

Gianfrancesco Guarnieri – Um Grito Solto no Ar
Sérgio Roveri

Glauco Mirko Laurelli – Um Artesão do Cinema
Maria Angela de Jesus

Ilka Soares – A Bela da Tela
Wagner de Assis

Irene Ravache – Caçadora de Emoções
Tania Carvalho

Irene Stefania – Arte e Psicoterapia
Germano Pereira

John Herbert – Um Gentleman no Palco e na Vida
Neusa Barbosa

José Dumont – Do Cordel às Telas
Klecius Henrique

Leonardo Villar – Garra e Paixão
Nydia Licia

Lília Cabral – Descobrindo Lília Cabral
Analu Ribeiro

Marcos Caruso – Um Obstinado
Eliana Rocha

Maria Adelaide Amaral – A Emoção Libertária
Tuna Dwek

Marisa Prado – A Estrela, o Mistério
Luiz Carlos Lisboa

Miriam Mehler – Sensibilidade e Paixão
Vilmar Ledesma

Nicette Bruno e Paulo Goulart – Tudo em Família
Elaine Guerrini

Niza de Castro Tank – Niza, Apesar das Outras
Sara Lopes

Paulo Betti – Na Carreira de um Sonhador
Teté Ribeiro

Paulo José – Memórias Substantivas
Tania Carvalho

Pedro Paulo Rangel – O Samba e o Fado
Tania Carvalho

Reginaldo Faria – O Solo de Um Inquieto
Wagner de Assis

Renata Fronzi – Chorar de Rir
Wagner de Assis

Renato Borghi – Borghi em Revista
Élcio Nogueira Seixas

Renato Consorte – Contestador por Índole
Eliana Pace

Rolando Boldrin – Palco Brasil
Ieda de Abreu

Rosamaria Murtinho – Simples Magia
Tania Carvalho

Rubens de Falco – Um Internacional Ator Brasileiro
Nydia Licia

Ruth de Souza – Estrela Negra
Maria Ângela de Jesus

Sérgio Hingst – Um Ator de Cinema
Máximo Barro

Sérgio Viotti – O Cavalheiro das Artes
Nilu Lebert

Silvio de Abreu – Um Homem de Sorte
Vilmar Ledesma

Sonia Maria Dorce – A Queridinha do meu Bairro
Sonia Maria Dorce Armonia

Sonia Oiticica – Uma Atriz Rodrigueana?
Maria Thereza Vargas

Suely Franco – A Alegria de Representar
Alfredo Sternheim

Tatiana Belinky – ... E Quem Quiser Que Conte Outra
Sérgio Roveri

Tony Ramos – No Tempo da Delicadeza
Tania Carvalho

Vera Holtz – O Gosto da Vera
Analu Ribeiro

Walderez de Barros – Voz e Silêncios
Rogério Menezes

Zezé Motta – Muito Prazer
Rodrigo Murat

Especial

Agildo Ribeiro – O Capitão do Riso
Wagner de Assis

Beatriz Segall – Além das Aparências
Nilu Lebert

Carlos Zara – Paixão em Quatro Atos
Tania Carvalho

Cinema da Boca – Dicionário de Diretores
Alfredo Sternheim

Dina Sfat – Retratos de uma Guerreira
Antonio Gilberto

Eva Todor – O Teatro de Minha Vida
Maria Angela de Jesus

Eva Wilma – Arte e Vida
Edla van Steen

Gloria in Excelsior – Ascensão, Apogeu e Queda do Maior Sucesso da Televisão Brasileira
Álvaro Moya

Lembranças de Hollywood
Dulce Damasceno de Britto, organizado por Alfredo Sternheim

Maria Della Costa – Seu Teatro, Sua Vida
Warde Marx

Ney Latorraca – Uma Celebração
Tania Carvalho

Raul Cortez – Sem Medo de se Expor
Nydia Licia

Rede Manchete – Aconteceu, Virou História
Elmo Francfort

Sérgio Cardoso – Imagens de Sua Arte
Nydia Licia

TV Tupi – Uma Linda História de Amor
Vida Alves

Victor Berbara – O Homem das Mil Faces
Tania Carvalho

Formato: 12 x 18 cm

Tipologia: Frutiger

Papel miolo: Offset LD 90 g/m²

Papel capa: Triplex 250 g/m²

Número de páginas: 204

Editoração, CTP, impressão e acabamento:
Imprensa Oficial do Estado de São Paulo

Coleção Aplauso Série Cinema Brasil

Coordenador Geral	Rubens Ewald Filho
Coordenador Operacional e Pesquisa Iconográfica	Marcelo Pestana
Projeto Gráfico	Carlos Cirne
Editor Assistente	Felipe Goulart
Assistente	Edson Silvério Lemos
Editoração	Selma Brisolla
Tratamento de Imagens	José Carlos da Silva
Revisão	Dante Pascoal Corradini

Dados Internacionais de Catalogação na Publicação
Biblioteca da Imprensa Oficial do Estado de São Paulo

Murat, Rodrigo
Antonio Carlos da Fontoura : espelho da alma / Rodrigo Murat – São Paulo : Imprensa Oficial do Estado de São Paulo, 2008.
204p. : il. – (Coleção aplauso. Série Cinema Brasil / Coordenador geral Rubens Ewald Filho)

ISBN 978-85-7060-649-5

1. Cinema – Diretores e produtores – Brasil - Biografia 2. Cinema - Brasil - História 3. Fontoura, Antonio Carlos, 1939 – Biografia I. Ewald Filho, Rubens. II. Título. III. Série.

CDD 791.437 098 1

Índices para catálogo sistemático:
1. Cineastas brasileiros : Apreciação crítica 791.437 098 1

Foi feito o depósito legal na Biblioteca Nacional
(Lei nº 10.994, de 14/12/2004)

Imprensa Oficial do Estado de São Paulo
Rua da Mooca, 1921 Mooca
03103-902 São Paulo SP
www.imprensaoficial.com.br/livraria
livros@imprensaoficial.com.br
Grande São Paulo SAC 11 5013 5108 | 5109
Demais localidades 0800 0123 401

editoração, ctp, impressão e acabamento

imprensaoficial

Rua da Mooca, 1921 São Paulo SP
Fones: 2799-9800 - 0800 0123401
www.imprensaoficial.com.br